*Dieses Buch ist für jeden, der geboren
wurde und eines Tages sterben wird.*

(Panth Bhaven)

Bibliografische Information der Deutschen Nationalbibliothek:
Die Deutsche Nationalbibliothek verzeichnet diese Publikation in der Deutschen Nationalbibliografie; detaillierte bibliografische Daten sind im Internet über http://dnb.d-nb.de abrufbar.

1. Auflage	März 2025
© 2025	edition riedenburg e.U. Dr. Caroline Oblasser
Verlagsanschrift	Adolf-Bekk-Straße 13, 5020 Salzburg, Österreich
Internet	www.editionriedenburg.at
E-Mail	verlag@editionriedenburg.at
Übersetzung	Aus dem Englischen übersetzt von Patricia Hinke
Lektorat	Dr. Caroline Oblasser
Bildnachweis	Coverfoto Ashish Mehta © Inga Sommer PHOTOGRAPHIE
	Tarot Bilder gemalt und gestaltet von Ashish Mehta
	Autorenfoto auf S. 151 © Ashish Mehta
Satz und Layout	edition riedenburg
Herstellung	Libri Plureos GmbH, Friedensallee 273, 22763 Hamburg
	Deutschland

ISBN 978-3-99082-175-6

ASHISH MEHTA

GLÜCK
SELIG
STERBEN

edition riedenburg

Besonderer Hinweis vor der
Lektüre dieses Buches

Trigger-Warnung: In diesem Buch wird das Sterben thematisiert. Sollten Sie oder eine Person aus Ihrem Umfeld **Suizid-Gedanken** haben, wenden Sie sich in akuten Fällen bitte an die Telefonseelsorge Ihres Landes oder eine geeignete Beratungsstelle.

Dieses Buch versteht sich nicht als spontaner Ratgeber in besonders verzweifelten Lebenssituationen. Falls Sie medizinische oder psychologische Hilfe benötigen, wenden Sie sich bitte an speziell geschultes Fachpersonal, Ärzte, Apotheker, Psychologen und Psychotherapeuten.

Weiters werden in diesem Buch **Psychedelika** thematisiert. Dies bedeutet nicht, dass der Autor zum Gebrauch derselben auffodert oder diese empfiehlt.

INHALT

Vorwort 9

1. Leben und Tod vereint 13

2. Der Gedanke an den Tod: Feiern statt Trauern 19

3. Das Leben 25

4. Himmel und Hölle 31

5. Dhyan: Meditation 37

6. Transformation 43

7. Die Schöpfung des Schöpfers ist jenseits des Todes 49

8. Werden wir – du und ich – die Einzigen sein,
die den Tod erleben? 55

9. Wechsel der Dimensionen von lok(a) zu parlok(a) 61

10. Wahrnehmung 67

11. Identität 73

12. Verblassen und Verschmelzung 77

13. Die Interpretation von Gnade   83

14. Der Wechsel der Zustände   89

15. Die Phantasie anregen   95

16. Reise jenseits von Zeit und Raum   101

17. 5 Fragen   107

18. Starke Fakten   113

19. Diskussion über den Tod   119

20. Karma-Schwingungen   125

21. Vorbereitung auf den Tod   131

22. Atmung & Purna Shava Shanti Asana
(Übung, um die Angst aus der Körperebene zu entfernen) 137

23. Todesmeditation   143

Anhang   149

# VORWORT

Kennst du wirklich den wahren Grund für den Tod? Ich sage ihn dir heute, laut und deutlich: Es ist die Geburt. Was ist nun der Tod? Es ist einfach die Abwesenheit von Atem oder Prana. Unsere Beweggründe als Menschen sollten also darin bestehen, die uns zugewiesene Anzahl von Atemzügen in jedem einzelnen Moment auf gute Weise zu nutzen, denn wer weiß, wann wir unseren Atemzyklus erschöpfen werden.

All dies lernte ich von Großmeister Panth Bhaven im Februar 2003 in Mumbai. Er ist ein Mystiker, der tief mit der Göttlichkeit verbunden ist. Großmeister Panth Bhaven lehrte mich in unseren zahlreichen Dialogen, wie wir sterben können, bevor wir sterben, damit wir leben können, bevor wir sterben.

Dieses Buch ist eine wichtige Erinnerung an die Feier des Todes und meine Erinnerung an meine intensiven Begegnungen mit Großmeister Panth Bhaven, dessen Gesellschaft mich die glückselige Energie hinter dem Prozess des Sterbens erkennen ließ. Ich werde ihm immer dankbar sein, da ich von seinem Bewusstsein über das Leben und den Tod profitiert habe.

Warum sage ich das hier? Weil ich Anfang 2005 das Glück hatte, meinen Vater bis zu seinem Tod zu Hause in Dehra Dun (Indien) zu begleiten.

Ich hoffe, dass dieses Buch dein Herz trösten und den Glauben und die Kraft in dir wecken wird, um zu erfahren, wer du wirklich bist. Und dass es dir dabei hilft, dich zu einem besseren, feineren und verständnisvolleren Menschen zu machen.

Es gibt unendlich viele Möglichkeiten, über das Thema Sterben zu schreiben. Dies ist mein Fazit aus meinen Erfahrungen und Überlegungen.

Herzlichst
Ashish Mehta

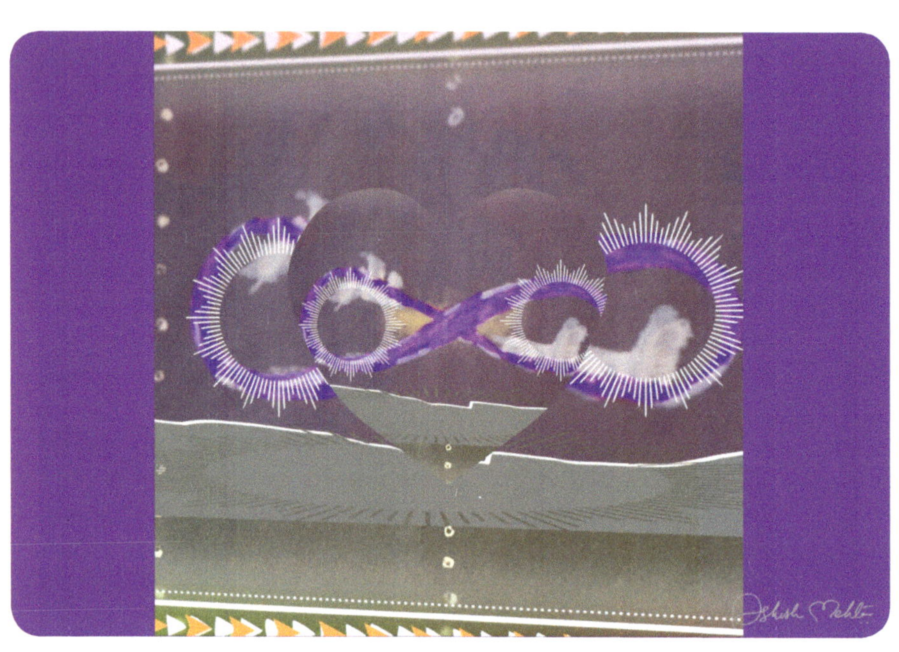

I. LEBEN UND TOD VEREINT

Leben und Tod sind nicht zwei verschiedene Dinge. Sie sind ein untrennbarer, sich entwickelnder Prozess zur Entfaltung deiner wahren Essenz. Der Prozess des Lebens und des Sterbens findet tatsächlich in jedem Moment deines Lebens statt, wenn du ein- und ausatmest. Es ist alles da. Und um den ganzen Prozess des Sterbens glückselig zu genießen, musst du nur aufmerksamer und bewusster werden.

Lasst uns der Tatsache ins Auge sehen, dass wir alle eines Tages diesen Planeten verlassen werden. Unsere Absicht sollte also sein, unser Leben in vollen Zügen zu leben, bevor wir uns endgültig von allen verabschieden. Da der Tod der unvermeidliche Prozess des Lebens ist, können wir nichts tun, um dieses Gesetz der Existenz zu ändern. Was wir jedoch tun können, ist, unser Leben bewusst in die Hand zu nehmen und weiterzugehen.

Niemand kann dir den Sinn deines Lebens vorgeben. Es ist dein Leben und deshalb muss der Sinn auch deiner sein. Dies kann nur erreicht werden, wenn du verstehst, dass niemand außer dir den Sinn deines Lebens finden kann. Suche ihn nicht irgendwo außerhalb von dir. Wenn du jeden Tag damit beginnst, ruhig und mutig die Lebenskraft in dir anzuzapfen, dann wirst du wissen, dass der Tod ein integraler Bestandteil des Lebens ist. Der Tod ist kein Feind und der Tod ist nicht gegen das Leben, also gibt es keinen Grund, Traurigkeit oder Angst in unseren Herzen zu haben. Die allermeisten Menschen sind vermutlich nicht in der Lage zu wissen, was das Leben ist.

Leben und Tod sind zwei Polaritäten desselben kosmischen Energiedramas, das auch Maya (Illusion) genannt wird. Tod und Leben sind keine Gegensätze, sondern sie sind komplementär. Dieses Konzept ist kein Spiritualismus, sondern die Wahrheit des Seins.

In Wirklichkeit ist der Tod nicht das Ende des Lebens, sondern vielmehr die Vollendung eines Lebens. Daher ist der Tod dem Leben sehr freundlich gesinnt. Das Leben kann ohne ihn nicht existieren. Wenn du weitsichtig denkst, wirst du wissen, dass der Tod in Wirklichkeit ein Prozess der Erneuerung ist.

Der Tod findet jeden Augenblick statt, denn in jedem Augenblick gibt es Erneuerung. Lass es mich auf eine andere Weise erklären: In jedem Moment atmest du ein (das Leben geschieht) und atmest aus (der Tod geschieht). Einatmen und Ausatmen gehen Hand in Hand. Auf diese Weise ist jedes Ausatmen der Tod der Vergangenheit und jedes Einatmen die Geburt in die Zukunft.

Wenn man beides trennt, dann schleicht sich natürlich Angst ein und man denkt, dass das Leben gut und der Tod schlecht ist. Die Norm ist dann, dass das Leben wünschenswert ist und der Tod vermieden werden muss. Anstatt in Angst vor dem Tod zu leben, solltest du diese unvermeidliche Seite des Lebens einfach akzeptieren. Wenn dir das gelingt, wirst du überrascht sein, wie viel Lebendigkeit und Liebe aus deinem Inneren strömen wird. Denn ohne den Tod kann das Leben nicht vollkommen werden.

Wenn du anfängst, in die Perspektive jenseits der physischen Form einzutauchen, dann wirst du auch erkennen, dass – sobald dieser irdische Körper von dir stirbt – deine wahre Essenz oder Energie immer noch als eine geistige Form existieren wird, die keine spezifische Form hat und stattdessen in einem unsichtbaren Raum gedeiht. Genau wie Radiowellen, Telefon- und Fernsehsignale oder drahtloses Internet, was alles mit deinen biologischen Augen nicht gesehen werden kann.

Mein Gedanke dabei ist, dass, wenn du nur ein Leben mit physischen Annehmlichkeiten und Vergnügungen gelebt hast, der Tod für dich sehr unangenehm und unerfreulich sein könnte.

Wenn du hingegen ein etwas höheres, schöpferisches Leben geführt und die Natur geliebt hast, wodurch etwas Nicht-Physisches in dein Bewusstsein getreten ist, dann wird der Tod für dich eines Tages nicht so schmerzhaft und schlimm sein.

*Transformation findet statt, wenn du über den Gedanken
der Vereinigung von Leben und Tod nachdenkst.*

*Nimm dir etwas Zeit, um deine Gedanken nach dem
Lesen dieses Kapitels hier aufzuschreiben.*

2. DER GEDANKE AN DEN TOD: FEIERN STATT TRAUERN

Trauer tritt in unserem Leben auf, wenn wir nicht auf die Trauer vorbereitet sind. Wenn wir die Trauer analysieren, werden wir feststellen, dass Trauer eine negative Emotion ist. Und wie andere Emotionen auch verlangt sie nach Ausdruck.

Trauer lässt sich nicht unterdrücken, verleugnen, ignorieren, aufschieben oder zerstören. Wenn man die Trauer nicht loslässt, führt sie zu zerrütteten Nerven. Deshalb müssen Gefühle wie Trauer nicht nur ausgedrückt, sondern auch gelebt werden.

Trauer kann zu einem konstruktiven Zweck umgewandelt werden. Wenn man dies versteht, kann man mit dem Gedanken an den Tod auf eine gute Art und Weise umgehen.

Wenn du die Art und Weise ändern kannst, wie du auf den Gedanken der Trauer über den Tod reagierst, dann kannst du auch die zukünftigen Auswirkungen ändern. Das Geheimnis besteht darin, die Gedanken zu ändern, wenn es um den Tod geht. Eigentlich ist unser ganzes Leben ein schöner Prozess, in dem wir lernen, wie wir angemessen sterben können. Wenn du dich selbst trainieren und deine Denkweise über das Sterben und die zeitgerechte Rückkehr in unser wahres Zuhause ändern kannst, während du lebst und atmest, dann wirst du dich über den Kummer des Todes erheben. Dann können die traurigen Gedanken und die düstere Vorstellung vom Schmerz der Trauer in eine konstruktive Ebene des Feierns verwandelt werden.

Der Tod ist kein einzigartiges Phänomen, denn er geschieht bei jedem, der geboren wurde. Aber wenn du als menschliches Lebewesen deine Bewusstseinsstufe in Bezug auf den Tod anheben kannst, dann wirst du vielleicht anfangen zu sehen, wie natürlich dieser Prozess ist. Und er ist genau wie der Prozess der Geburt.

Wenn wir Menschen also das Feiern mit der Geburt in Verbindung gebracht haben, dann können dieselben Feiern auch mit dem Tod in Verbindung gebracht werden. Der Grund dafür ist, dass wir, wenn wir das Feiern mit dem Tod verbinden, positive, freudige Emotionen einbringen, im Gegensatz zu der leidvollen, traurigen, negativen Energie des Kummers.

Nun stellt sich die Frage, warum man sich dieser universellen Angelegenheit namens Tod nicht direkt stellt. Frage dich, worüber genau du trauerst, wenn es darum geht, sich der Wahrheit des Todes zu stellen.

Es gibt nichts, worüber man lange genug trauern müsste, denn wenn man stirbt, verschwindet man und verschmilzt mit der Göttlichkeit.

Der Tod ist nicht schrecklich, da die Seele nur von einer Bewusstseinsebene zur anderen wechselt.

Ich kann mich lebhaft daran erinnern, was mir Großmeister Panth Bhaven sagte: Er sagte, dass die Angst vor dem Tod und der Trauer daher rührt, dass die Menschen befürchten, dass ihre Ansammlungen zurückgelassen werden. Aber was die Menschen nicht verstehen, ist, dass unsere Seelen und Geister keine objektiven Dinge besitzen. Der Tod ist niemals ein Verlust von etwas, sondern eine Bewegung hin zu einer neuen Erfahrung.

Versuche nun, es so zu verstehen: Wann immer du auf die nächste Stufe aufsteigen oder befördert wirst, feiere und freue dich. Wenn du das gleiche Gefühl mit dem Gedanken an den Tod verbinden kannst, dann ist der Tag nicht mehr fern, an dem du mit dem Trainingsprozess des Feierns der nächsten Phase nach der Sterblichkeit beginnen wirst. Es ist gut, Gedanken der Freude und des Glücks zu wählen, anstatt unsere leidenden Gedanken am Höhepunkt unseres Lebens zu betrauern.

Echte Spiritualität besteht darin, das Leben intensiv und glückselig zu leben, so dass man auch den Tod glückselig und intensiv leben kann.

*Wenn du deine ganze Aufmerksamkeit bewusst darauf richtest,
die unvermeidliche Veränderung, die man Tod nennt, zu
feiern, dann wirst du wie die Lotusblume von innen heraus
erblühen und die Wolke der Trauer wird sich verziehen.*

*Denke heute darüber nach und schreibe nach dem
Lesen dieses Kapitels deine Gedanken auf.*

Ashish Mehta

3. DAS LEBEN

An den Grenzen deines Verstandes lebt die Realität des Lebens. Ich frage dich: Welche Art von bewusster Zustimmung zum Leben gibst du und wie schaust du durch deinen Verstand, der eine Menge alter gesammelter und angesammelter Überzeugungen hat? Wenn du dein individuelles Bewusstsein transformieren kannst und anfängst, auf die positiven Seiten deines Lebens zu schauen, dann wirst du anfangen, verzerrte, verfallende Vorstellungen vom Tod loszulassen.

Wenn du die Wahrnehmung deines Verstandes ändern kannst, um das Leben auf eine neue Art und Weise zu betrachten, dann wirst du vielleicht erkennen, dass das Licht des Bewusstseins die dunkle Kammer unserer vorgefassten Ideen und Vorstellungen über das Leiden durchdringen kann, wenn es um das Sterben geht. Wenn du tief kontemplierst, wirst du erkennen, dass das Leben und die Seele ewig sind und nur der Körper und der Geist sterben.

Großmeister Panth Bhaven sagte mir, das Leben selbst hat weder Anfang noch Ende. Es komme darauf an, wie man sich auf den Tod vorbereitet, während man lebt und atmet. Wie wir leben, so werden wir sterben, und wie wir sterben, so werden wir leben.

Das bedeutet, dass wir unsere Bewusstseinsebene immer mit uns tragen, wohin wir auch gehen. Lass es uns noch einmal metaphysisch analysieren, was ich hier geschrieben habe. Jeden Tag atmen wir ein und aus. Wenn du also deinen Atemzyklus beobachtest, wirst du feststellen, dass jedes Einatmen Leben einatmet und jedes Ausatmen den Tod ausatmet. Wenn du dies richtig verstehst, wirst du beginnen, das Leben in jedem Augenblick zu leben. Und du wirst auch in der Lage sein, den Tod in jedem Augenblick zu leben. Halte diesen Gedanken einen Moment lang fest, während du herausfindest, wie du langsam dein altes Paradigma in Bezug auf Leben und Sterben ändern kannst.

Bedenke, wenn du von heute an mit ein wenig Achtsamkeit und Wachsamkeit lebst, dann könnte es möglich sein, dass du das Maß an Angst vor dem Tod überwindest. Erinnere dich daran, dass das ganze Drama um den Tod und die Angst davor in deinem Geist und deinen Gedanken stattfindet und wie du über dieses Thema denkst. Beginne deine Reise von heute an als ein individueller Denker, der den Prozess des Sterbens von einer höheren Ebene innerhalb der Sphären des Geistes aus beobachten kann.

Du siehst, was ich in diesem Kapitel beabsichtige. Ich gebe dir Hinweise, wie du über dein wahres, ewiges Selbst nachdenken kannst. Wenn du das begreifst, wirst du den Unsicherheitsfaktor der Trennung und des Verlustes verlieren. In diesem Multiversum haben wir alle einen physisch natürlichen und einen spirituellen Seelenkörper. Dieser physische natürliche Körper ist sichtbar, temporär, vergänglich und transient, während der spirituelle Seelenkörper unsichtbar, unvergänglich und ewig ist. Der erste ist begrenzt und der zweite ist unbegrenzt und unendlich. Laut Großmeister Panth Bhaven ist der physisch natürliche Körper nur ein Vehikel, das vom unsichtbaren, ewigen, wahren, spirituellen Seelenkörper benutzt wird, um sich nach außen hin auszudrücken und diese vergängliche materielle Welt zu erleben.

Ein weiterer philosophischer Gedanke, der mir gerade in den Sinn kommt, ist, dass die Angst vor dem Tod in Wirklichkeit die Angst vor der Zukunft ist. Aber tatsächlich ist die wirkliche Zeit jetzt und das Jetzt ist ewig, ohne Anfang und ohne Ende. Wenn du also verstehst, dass das Leben in der Gegenwart, im wirklichen Jetzt gelebt werden muss, dann kannst du den Gedanken an die Angst vor dem Tod langsam aufgeben. Jeden Tag, wenn du anfängst, mit der Existenz in dieser schönen lebendigen Gegenwart zu leben, wirst du erkennen, dass der Tod nur eine Illusion ist.

Da ich von zwei Körpern spreche, möchte ich das ein wenig ausweiten, damit du meinen Standpunkt verstehen kannst. Der Wissenschaft zufolge haben ich und du bereits viele Körper erlebt. Schaue in dein Familienalbum, um zu wissen, dass es wahr ist. Der Körper deiner Kindheit ist nicht der Körper deiner Jugend, noch ist der Körper deiner Jugend der Körper deiner Männlichkeit und Weiblichkeit. Auch der Körper deines älteren Ichs wird anders sein.

Es stellt sich also die Frage: Wo sind all diese Körper geblieben? Wenn man alle sieben Jahre einen neuen Körper bekommt, wo sind dann die alten Körper geblieben? Keine Sorge, es spielt keine Rolle, ob du es weißt oder nicht, wo all diese oben erwähnten Körper geblieben sind. Das Einzige, was zählt, ist, dass dein individuelles Bewusstsein seit dem allerersten Körper, den du jemals hattest, immer bei dir ist. Jedes Teilchen deines Körpers hat sich viele Male verändert, ist gestorben und hat sich viele Male erneuert, seit du ihn in diesem Leben betreten hast. Dein Körper ist nicht du, aber er ist dein, um diese vergängliche Phase des menschlichen Seins zu erleben. So wie sich das Wasser im Fluss ständig verändert, der Fluss aber derselbe bleit, so ist auch dein spiritueller Seelenkörper wie der universelle Fluss, und dein physisch natürlicher Körper oder deine Körper sind wie sich veränderndes Wasser.

Obwohl der physisch natürliche Körper, der zu dieser materiellen Welt gehört, in der wir leben, eines Tages aufgrund der ständigen Veränderung des Flusses oder der Bewegung vergehen wird, wird dein spiritueller Seelenkörper unvergänglich sein.

Identifiziere dich deshalb nicht nur mit dem sichtbaren Körper und dem daraus resultierenden Tod, der dich von dem sich ständig erweiternden Kosmos abschneidet. Dein Geburtsrecht besteht darin, sich hier und jetzt wieder mit dem ewigen Leben unserer kosmischen Existenz zu verbinden.

Die wahre Macht der Verwirklichung deines ewigen Selbst liegt in dir.

In den vergangenen Jahren habe ich gelernt, dass eine ablehnende Haltung gegenüber dem Tod zwecklos ist. In diesem Konflikt verpasst man nämlich die ganze Reise, um sein Leben in einem Moment der Dankbarkeit zu leben. Es ist töricht von uns Menschen, eine Grenze zwischen Leben und Tod zu ziehen, denn dieses Mysterium liegt jenseits des Fassungsvermögens unseres Verstandes. Wir gehen ständig von einer Dimension in die andere über.

Finde daher die immer lebendige Freude in dir, die sich über die Veränderung und den Übergang von einer Dimension zur anderen freut.

Dieses sogenannte „Leben" scheint eine Show des Jonglierens zu sein, wenn man es aus der Ferne betrachtet.

Nimm dir also etwas Zeit, nachdem du dieses Kapitel gelesen hast, um über dein bisheriges Leben nachzudenken und einige wichtige Momente zu notieren, die du erlebt hast.

4. HIMMEL UND HÖLLE

Springen wir gemeinsam in den Strom des sogenannten Himmels und der sogenannten Hölle. Indem wir anfangen zu schweben, lassen wir die festen Vorstellungen in den Gehirnhälften los, um das wahre Konzept hinter Himmel und Hölle verstehen können und dadurch leichter und frei von Anhaftung werden. Wenn man sich während des Lebens diesem Pseudo-Glauben mit all der kontemplativen Energie in Bezug auf Himmel und Hölle hingeben kann, findet vielleicht die tatsächliche Einsicht in die wahre Freiheit statt. Und zwar ohne die Angst vor den psychologischen Faktoren, was passiert, wenn man am Ende stirbt.

Der Mensch erschafft sich seinen eigenen Himmel und seine eigene Hölle. Dein vorherrschender Geisteszustand und deine Gedanken erzeugen bewusst das, was du erleben willst.

In meinen Gesprächen mit Großmeister Panth Bhaven lernte und erkannte ich, dass Himmel und Hölle jenseits der Physik liegen. Und ja, sie sind beide formlos und zeitlos. Das Nächste, worüber ihr nachdenken solltet, könnte oder würde sein, dass alles zwischen eurer Geburt und eurem Tod geschieht, denn zwischen diesen beiden Polen existiert euer metaphysisches Leben.

Du und ich, wir wissen, dass das Drama des Lebens sehr mystisch sein kann. Wir lernen in unseren jungen Jahren tatsächlich alles über Himmel und Hölle. Und das pragmatische Denken unseres Gehirns kann uns oft in die komplizierten Mysterien der Existenz, des Himmels und der Hölle eintauchen lassen.

Aber ich möchte dich noch einmal daran erinnern, dass ich hier nur meine eigenen Erfahrungen mitteile, die ich gemacht habe. Es kann nur hilfreich sein, wenn du bereit bist, aktiv darüber nachzudenken, damit auch du eines Tages deine eigenen Erfahrungsmomente machst.

An dieser Stelle möchte ich dich einladen, gemeinsam mit mir diese Zwischenstufe oder Phase zu schälen. Also lass uns tiefer eintauchen. Der Zwischenzustand ist ein sehr wichtiger Zustand, auch wenn jemand mit der Meditation beginnt. Denn zwischen jedem neuen Gedanken entsteht ein Raum des Nichts. Dort können wir Menschen alles einfügen, was unserer Konditionierung entspricht. Was du zwischen diese beiden Gedanken einfügst, also in den Raum des Nichts, wird eines Tages zu deiner neuen Realität. In ähnlicher Weise ist der Raum zwischen Geburt und Tod für uns alle das Leben. Was immer du bewusst entsprechend deiner Denkweise einfügst, wird dir die Früchte des Himmels oder der Hölle einbringen.

Wenn du dir nun die Zeit genommen hast, deinen Denkmechanismus zu entwickeln, indem du ihn in deiner täglichen Lebenszeit trainierst, dann wirst du auf beide Möglichkeiten nach dem Tod vorbereitet sein. Was ich mit den beiden Möglichkeiten meine, ist die Erschaffung von Himmel und Hölle durch deine Gedanken, Gefühle und Handlungen.

Was immer du in deiner Lebenszeit gesehen hast, wird dir nach dem Tod als Gegengeschenk übergeben werden. Wenn du bewusst mit einer positiven, kreativen und konstruktiven Art und Weise gelebt hast, die ich als POL (Path Of Living) Methode bezeichne und welche von mir entwickelt wurde, dann wirst du nach dem Tod friedliche, himmlische Schwingungen erleben. Und wenn du ein Leben mit Ärger, Eifersucht, Hass und negativen Gefühlen geführt hast, dann wirst du nach dem Tod möglicherweise genau das erleben.

Du siehst also, dass du während deines Lebens entscheidest, was das Endergebnis dieses deines Lebens sein wird. Mein Rat ist deshalb, deinem Herzen und deinem Verstand auf harmonische Weise zu folgen und deine mentalen Fähigkeiten zur Selbstwahrnehmung zu trainieren, damit deine Seele nach dem Tod gut manövrieren kann, ohne dich im weiten kosmischen Ozean zu verlieren. Der Kosmos empfängt uns immer ohne Urteil, dafür mit offenen Armen zurück.

Sei dir von heute an einfach ein bisschen bewusster über deinen mittleren Zustand oder Zwischenzustand, der auch LEBEN genannt wird. Es ist jetzt an der Zeit, als Individuum die volle Verantwortung für deinen eigenen Himmel oder deine eigene Hölle zu übernehmen, solange du noch atmest. Es ist ein sehr einfaches universelles Gesetz des Karmas: Was immer du gibst, wird 100-fach zu dir zurückkehren.

Wenn du weitere Unterstützung zu diesem Thema benötigst, dann nehme einfach Kontakt mit mir auf, um dein neues Soul Focus Mindset-Training zu erhalten.

5. DHYAN: MEDITATION

Der Sanskrit-Begriff für „Meditation" ist „Dhyan". Dhyan oder Meditation sollte in einer entspannten und spielerischen Art und Weise offen praktiziert werden.

Die ganze Botschaft von Dhyan ist, dass du zu deiner reinen inneren Stille gelangst, wo alle Ängste immer weniger werden. Dhyan ist ein großartiger Weg, um in dieser chaotischen Welt tief nach innen zu schauen und sich selbst zu finden.

„Was ist deine Realität?" und „Was bist du?"

Wenn du mit diesen beiden Fragen beginnen kannst, dann wird die sogenannte universelle Frage folgen: „Wer bist du?"

Ich würde vorschlagen, dass du Dhyan oder Meditation mit jenem geistigen Kraftwerkzeug beginnst, das „Vorstellungskraft" genannt wird. Alle Konzepte der Technologie und des Wissens begannen mit der Vorstellungskraft. Wenn du also Dhyan oder Meditation als die Technologie deines Geistes oder Verstandes ansiehst, dann wird dir die Vorstellungskraft hilfreich sein.

Öffne nun deinen geistigen Horizont und erkenne: Es gibt eine Ähnlichkeit zwischen der Meditation (Dhyan) im Sitzen oder Liegen und jenem Ereignis, wenn der Körper stirbt.

Worin besteht die Ähnlichkeit? Sobald die Seele den Körper verlässt, gibt es keine körperliche Bewegung mehr. Genau so sollte auch deine Meditation sein, bei der die Körperbewegungen allmählich still werden und du in deinen inneren Raum oder die Zone der Stille eintrittst. Wenn du durch die richtige Anleitung und Übung diese inaktive körperliche Phase erreichen kannst, wirst du eines Tages erkennen, dass ein Zusammenhang zwischen dem Tod und der einfachen körperlichen Inaktivität existiert.

Probiere die folgenden Schritte: Wähle einen Ort oder ein Zimmer, wo du nicht gestört wirst. Lege dann eine beruhigende Musik auf und schalte alle Ablenkungen aus. Stelle dir mit geschlossenen Augen vor, wie dein Körper ohne Angst, aber mit Ruhe und Anmut in den Tod geht.

Wenn ich sage „in den Tod gehen", dann meine ich, dass du körperlich nicht aktiv bist, aber langsam und sanft durch deine Nase atmest. Nach einigen Minuten wirst du feststellen, dass dein Pulsschlag gesunken ist. Fahre fort, tiefer in dein Inneres zu reisen. Nach ein paar Minuten wirst du vielleicht eine Ahnung oder ein Gefühl davon bekommen, dass die Verbindung zwischen deinem physischen Körper und der Außenwelt nicht mehr funktioniert. Du bist nun von der Außenwelt abgeschnitten. Setze deine innere Reise fort. Plötzlich kommt der Augenblick, in dem dir auf seltsame Weise klar wird, dass die Verbindung zwischen deinem physischen Körper und der Außenwelt nicht mehr existiert. Gleichzeitig existiert dein Ich immer noch.

Das wird ein merkwürdiges Phänomen sein, denn wenn du deine Vorstellungskraft benutzt, um in den Tod einzutreten, könntest du den unsterblichen Raum oder Punkt erkennen. Du könntest zu der Erkenntnis gelangen, dass es nicht möglich ist, dass dein „Ich" sterben kann. Dein Verstand sagt dir vielleicht, dass dein ganzer Körper tot zu sein scheint, aber irgendetwas in dir ist noch lebendig.

Mache nun noch einen weiteren Schritt nach innen und stelle dir die Frage: „Was ist dieses Ich, das noch existiert?"

Warte auf deine persönliche Antwort, die dir intuitiv von deinem Herzen gesendet wird.

Nachdem du eine Weile in dieser Phase gewesen bist, komme allmählich in die sogenannte Realität zurück. Setze dich nicht unter Zeitdruck, wie lange du in dieser erstaunlichen experimentellen Phase sitzen oder liegen möchtest. Sei einfach spontan.

Sobald du aus deiner Dhyan- oder Meditationsphase herausgekommen bist, schreibe deine eigenen Antworten auf die Frage: „Was bin ich, das noch existiert?" auf.

Wenn du diese POL (Path Of Living) Methode weiter praktizierst, wirst du eines Tages zu der Erkenntnis gelangen, dass der körperliche Tod nicht dein Tod ist. Der Körper mag eines Tages sterben, aber „DU" wirst von einer Dimension in die andere weitergehen.

Ich erinnere mich hier an meine persönliche Begegnung mit Seiner Heiligkeit dem Dalai Lama in Hamburg im Jahr 2014, als ich in einem Gespräch mit ihm seine Botschaft über den Tod sehr deutlich verstand. Dass nämlich, wenn man sich des Todes bewusst wird, man kontinuierlich und beharrlich meditiert und den Tod mit jener Akzeptanz betrachtet, dass er mit Sicherheit in der Zukunft auf den physischen Körper zukommen wird, dieses Leben genutzt werden kann, um das zu entdecken und vorzubereiten, was jenseits des Todes ist.

Nachdem du dieses Kapitel gelesen hast, schließe bitte die Augen und beobachte, welche Art von Stille oder Schwärze du in dir spürst.

Öffne die Augen nach einigen Sekunden wieder und notiere die wichtigen Visionen oder Botschaften, die du erhalten hast.

6. TRANSFORMATION

Wenn man geboren wird, verwandelt sich die Lebensreise in eine transformative Pilgerreise in Richtung Tod. Und die größte Herausforderung für den menschlichen Verstand ist es, das traurige Leiden und den inneren Schmerz über den Tod umzukehren. Sieh es so: Der Tod ist die höchste transformatorische Kreativität des Lebens selbst.

Die bemerkenswerteste Tatsache unseres Lebens ist, dass wir versuchen, das Thema Tod zu vermeiden. Doch tatsächlich ist der Tod die einzige Gewissheit im Leben. Naiver Realismus ist alles, was wir erleben, während wir in diesem Körper leben. Wenn du nun beginnst, deine Denkweise in Bezug auf den Tod und die Ängste um ihn herum zu verändern, dann siehst du vielleicht den subtilen Feierfaktor des Lebenshöhepunkts, der Tod genannt wird.

Wenn du nach gutem Sex einen orgasmischen Höhepunkt erlebst und dich gut fühlst, dann ist das genau das, was der Höhepunkt des Lebens in Form des Todes für uns ist. Der Vorgang des guten Sex, der zum Orgasmus führt, ist wie ein kleines Fest für dein inneres Wesen. Wenn du den Tod als Orgasmus des Lebens ansiehst, dann hast du alle Freiheiten, auch das schöne Phänomen namens „Tod" zu feiern.

Der Tod ist für mich eine schöne Erfahrung, die die Seele macht. Und warum? Weil der Moment des Todes ruhig, still und von völliger Entspannung und Gelassenheit erfüllt ist.

Hast du dich schon einmal gefragt, warum es so viel Angst vor dem Tod gibt? Warum hat der menschliche Geist Angst vor dem Tod?

Der wahre Grund für die Angst vor dem Tod ist nicht der Tod selbst, sondern die Tatsache, dass du ihn nicht von innen kennst. Wie kann jemand Angst vor etwas haben, das er/sie noch nie erlebt hat? Wie kann man sich vor etwas fürchten, das man nicht kennt?

Hier erinnere ich mich daran, was Großmeister Panth Bhaven mir einmal sagte: Dass man nämlich den Tod erst kennen muss, um ihn zu fürchten. Und er sagte weiter, dass man in Wirklichkeit keine Angst vor dem Tod hat, sondern vor etwas anderem. Du hast nicht wirklich bewusst gelebt. Das erzeugt die Angst vor dem Tod.

Oft ist der Selbstdialog, der in deinem Kopf abläuft, folgender:

„Ich habe noch nicht richtig gelebt, und wenn der Tod kommt, was dann? Werde ich ungelebt und unausgefüllt sterben?" Die Angst vor dem Tod ist also für diejenigen besonders groß, die nicht wirklich lebendig sind. Wenn du voll und ganz bewusst lebst, dann wirst du den Tod willkommen heißen und insbesondere jenen Tag, an dem du dich endgültig verabschieden musst.

Ich schlage vor, dass du von heute an beginnst, deine Anwesenheit auf diesem Planeten zu leben und zu feiern. Und dass du bewusst tief in die Momente deines Lebens eintauchst. Ich sage nicht, dass du die Angst ablehnen sollst, sondern dass du sie annehmen und dann anfangen sollst, dein Denken über den Tod zu verändern. Wenn du bereitwillig mit der bewussten Transformation deiner Gedanken beginnst, dann wirst du langsam anfangen, die Dinge in deinem Leben anders zu sehen, was zu mehr Freude, Feiern und wertvollen Momenten führen wird, während du atmest und in deinem Körper lebst.

Mein Gefühl sagt mir, dass ich meine Ansichten über „Transformation" noch ein wenig ausweiten muss. Wenn das Alte aufgegeben und losgelassen wird, dann erst kann Neues entstehen, seien es die Gedanken, die Gefühle, die Handlungen oder auch der Körper.

Das ist es, was ich Transformation nenne. Transformation geschieht, wenn du dich intensiv und kontinuierlich auf einen perspektivischen Wandel einlässt.

Ein Wort der Warnung von meiner Seite: Es werden Schwierigkeiten auftauchen, wenn du dich auf den Transformationsprozess deines Gedanken- und Glaubenssystems einlässt.

Mein Tipp lautet daher: Wenn Schwierigkeiten auftauchen, sage dir, dass du auf dem richtigen Weg bist – es passiert etwas mit dir vom Standpunkt der Transformation aus. Wenn du auf deinem Transformationsweg bleibst, der ein positiver „Pfad des Lebens" (Path Of Living) ist, dann werden allmählich alte Barrieren in deinem Inneren aufbrechen. Alte Gewohnheiten und Glaubensmuster werden sich auflösen, es wird Veränderung und Chaos geben.

Erinnere dich daran, dass alle Kreativität aus dem Chaos kommt. Kein transformatives Wachstum ist reibungslos. Vor allem dann nicht, wenn wir Menschen uns mit dem Tod auseinandersetzen und unsere Gedanken um ihn herum transformieren. Das bedeutet, dass du in unbekanntes und unerforschtes Gebiet eintauchen wirst, wie ich es bereits in diesem Kapitel erwähnt habe. Was wiederum bedeutet, dass du dich auf dieser Reise gewissen Schwierigkeiten stellen musst.

Aber Tatsache ist, dass du mit jeder Schwierigkeit, die du überwindest, transformierst und kristallisierst.

Sage jetzt mit ein wenig Mut in deinem Herzen JA zu deiner wunderschönen Transformationsreise. Mit Glauben und Überzeugung weißt du, dass du nicht nur dieser Körper mit Begrenzungen bist, sondern ein spirituelles Wesen, ein Geistes- und Seelenwesen, das vorübergehend diesen Planeten besucht und die emotionale Erfahrung der Menschheit macht.

So möchte ich dieses Kapitel mit dem schönen Gedanken schließen, dass du die sogenannten weltlichen Vergnügungen genießen, dich aber gleichzeitig darauf vorbereiten solltest, „dein wahres Selbst" zu erkennen, während du in diesem Körper lebst und atmest.

*Wann hast du dir das letzte Mal die Zeit genommen, dich
mit dem Thema Transformation zu beschäftigen?*

*Welche Schritte wirst du nach dem Lesen dieses Kapitels
unternehmen, um dein Denken zu verändern?*

7. DIE SCHÖPFUNG DES SCHÖPFERS IST JENSEITS DES TODES

Lass mich hier mit diesem berühmten theologischen Satz beginnen: „Unser Schöpfer/Gott schuf die höchste Form des Bewusstseins, den Menschen, nach seinem eigenen Bild." Wenn du hier mit Bewusstsein lebst, dann wirst du wissen, dass du eines Tages, wenn deine Zeit abgelaufen ist, den Körper, in dem dein Geist und deine Seele wohnen, verlassen wirst. Aber das wird dich nicht beunruhigen, da du eigentlich ein geistiges Wesen bist, das lediglich diese menschliche Erfahrung macht.

Versuche es, so zu verstehen: Wir alle sind nach dem Bild unseres Schöpfers geschaffen und wir sind die Produkte seines Wunsches.

Kann also der Schöpfer/Gott sterben und kann ein Teil seines Bildes (du und ich) verloren gehen, nachdem dieser Körper aufgegeben wurde?

Kann das, was keinen Anfang hatte, ein Ende haben?

Ist dieser Körper dein ständiger Aufenthaltsort oder ein Instrument, das dir vorübergehend gegeben wurde, um diesen Planeten namens Erde zu erleben und zu genießen?

Während du nun diese schockierende Freude über göttliche Wahrheiten registrierst, die sich langsam in deinen gegenwärtigen Körper und dein Gehirn einprägen, murmelt jede deiner Zellen und beginnt das Lied der leuchtenden Dankbarkeit zu singen.

Ich erinnere mich, dass ich einmal von Mumbai nach Puna reiste und einen kranken Yogi/Heiligen traf.

Ich erkundigte mich: „Wie geht es Ihnen?"

Der Yogi/Heilige antwortete: „Diesem Yogi selbst geht es sehr gut, danke, aber das Haus, in dem er lebt, verliert leider sein Fundament, die Wände sind stark zerbrochen und das Dach ist abgenutzt. Das Gebäude zittert bei jedem Wind und ich, dieser Yogi, muss bald in eine andere Dimension weiterziehen. Aber innerlich ist der Yogi entspannt, gelassen und mit Ruhe zu Hause."

Das war ein Denkanstoß für mich und so begann ich in der Einsamkeit, mich in die Analogie seiner Worte zu vertiefen. Mir wurde eine grundlegende Sache klar: Jeder, der Samen gesät und sie wachsen gesehen hat, weiß, dass die zarte Pflanze nicht der Samen ist, der gesät wurde. Die Saat, die man kannte, stirbt und vermischt sich mit der Erde. Und aus ihrem Inneren entspringen die grünen, lebendigen Triebe, die die Kraft haben, Berge zu versetzen.

So ist es auch mit dem physischen Körper: Sobald er nicht länger ein geeignetes Instrument für die Seele oder den Geist ist, stirbt er oder kehrt zu den Elementen zurück, aus denen er kam oder geschaffen wurde. Aber von innen heraus erhebt sich der wahre Mensch oder das geistige Wesen aus der Umgebung des Körpers.

Jetzt möchte ich dich ein wenig unterbrechen und aus dem Lesen herausnehmen, damit du spontan und intuitiv aufschreibst, was dir zu deinen Gedanken über das Leben einfällt. Es ist gut, diese kleine Übung zu machen, um die Vorteile deines verwirrten Gehirns auf positive und kreative Weise zu nutzen.

Hier ein weiterer Vergleich: Das wunderbare Phänomen des Regenbogens ist eine teilweise Analogie der prinzipiellen Identität. Sie manifestiert sich in den Atomen, die sich in einem ständigen Fluss befinden, über den ganzen Himmel erstrecken und sieben erstaunliche Farben zeigen. Der Regenbogen scheint fest und solide zu sein, aber jedes seiner Teilchen verändert sich tausendfach, wenn man den Bogen der sieben Farben betrachtet. Er besteht aus sich bewegenden, wirbelnden Atomen, aber die Atome sind die Träger des reflektierten Sonnenlichtstrahls, der sich durch die Regentropfen als Regenbogen manifestiert. Wenn die fallenden Regentropfen aufhören, verschwindet zwar der Regenbogen, doch der Sonnenlichtstrahl leuchtet immer noch wie zuvor.

Wenn ein Mensch stirbt und aus dem physischen Körper austritt, können wir ihn oder sie nicht sehen, weil die Kombination der im Fluss befindlichen Atome, aus denen der physische Körper als Manifestation bestand, in neue Kombinationen übergegangen ist. Aber seine oder ihre leuchtende Identität ist wirklich noch vorhanden, so wie der Sonnenstrahl, der den Regenbogen bildete.

Ich hoffe, du hast verstanden, wie wichtig es ist, sich mit dem Tod zu arrangieren, solange wir noch leben.

Es ist nun an der Zeit, die Allgegenwart des Schöpfers zu betrachten und einige Notizen für dich zu machen, nachdem du über die Inhalte dieses Kapitels reflektiert hast!

8. WERDEN WIR – DU UND ICH – DIE EINZIGEN SEIN, DIE DEN TOD ERLEBEN?

Das ist eine wichtige, aber auch eine düstere Frage, die sich jedem Menschen einmal innerlich stellt. Ich weiß, dass sich niemand gerne mit der Realität des Todes auseinandersetzt, vor allem wenn es darum geht, dem eigenen Tod ins Auge zu sehen. Aber Tatsache ist, dass der Tod ein unbestreitbarer Teil unserer Existenz ist. Ich bin nicht der erste Autor, der sich mit dem Thema „Tod" oder mit den Fragen von Leben und Tod auseinandersetzt. Es gab schon viele Visionäre und Philosophen vor mir, die sich mit diesem Thema beschäftigt haben. Aber aufgrund der letzten Pandemiewelle, die viele Menschen von unserem Planeten dahingerafft hat, dachte ich intuitiv, dass ich mich diesem Thema, dem Geheimnis des Todes, widmen und ein Buch darüber schreiben sollte.

Ich hatte das Glück, oder besser gesagt, ich schätze mich glücklich, in der Vergangenheit bereits tiefer in dieses Thema eingestiegen zu sein; und zwar dank Großmeister Panth Bhaven, als ich in Mumbai (Indien) war, wie ich in diesem Buch bereits erwähnt habe. Ich hatte Großmeister Panth Bhaven gefragt, ob es auch sein könnte, wenn man es aus einer abstrakten Perspektive betrachtet, dass das Leben und der Tod des Menschen ein Traum oder ein luzider Traum sein können, die miteinander verwoben sind. Oder was hat der berühmte Schriftsteller William Shakespeare gemeint, als er sagte: „Wir sind aus solchem Stoff wie Träume sind, und unser kleines Leben ist von einem Schlaf umringt."

Wenn du fest schläfst und die Traumphase beginnt, scheint alles real zu sein, weil dein Gehirn darin eingebettet ist. Aber wenn du aufwachst, dann sagst du: „Ah, es war nur ein Traum.". Was dann auch bedeutet, dass in deiner Wachsamkeit kombiniert mit deiner Achtsamkeit (wenn du alles bewusst beobachtest) jeder vorherige Gedanke, jede Emotion, jeder Moment oder sogar der Tag wie luzide Träume sind?!

Solch sensationelle Antworten oder Erkenntnisse sind durch meine intensive und tiefe Kommunikation plus Verbindung mit Großmeister Panth Bhaven entstanden. Eine Grundvoraussetzung für dich ist also, dass du anfängst, über dein weltliches Denken hinauszugehen, so dass du langsam die Reise zur Überwindung der Angst vor dem Tod beginnen kannst. Eigentlich ist der Tod ein Prozess des Aufwachens aus dem Traum, der zeigt, dass ich nur in dieser physischen Realität gefangen bin.

Ist es nicht komisch, dass die Realität in verschiedenen Bewusstseinszuständen immer anders ist? Lass mich hier auch klarstellen, dass die Qualität deines Bewusstseins direkt proportional zu deinem Bewusstseinszustand ist. Mein Bestreben in diesem Buch ist es, dir zu helfen, diese Matrix unbewusster Denkweisen zu durchbrechen, so dass du anfangen kannst, den „Tod" anders zu sehen. Nämlich als einen Türöffner für deine Seele und für die nächste himmlische Dimensionsreise. Öffne das Fenster deines Verstandes und befreie dich von der ängstlichen alten Konditionierung, was den Tod angeht.

An dieser Stelle möchte ich deine abstrakte Denkweise in Frage stellen. Hast du schon von dem Denkprozess der „partiellen Todesmethode" gehört? Partielle Todesmethode bedeutet, das Alte oder Vergangene geistig abzulegen und das Neue oder Jetzt anzuziehen. Die partielle Todesmethode ist ein kontinuierlicher Prozess, der täglich in jedem neuen Moment geboren wird.

Beantworte ohne zu zögern die folgende Frage: „Ist dein Körper Du oder ist er dein?" Meine Antwort wäre: „Dein Körper ist dein, aber nicht Du. Dein wirkliches Du oder deine Seele benutzt den Körper für die ihm zugewiesene Zeit (niemand weiß, wie lange), genauso wie du deinen Mantel, deine Jeans, deinen Computer, deinen Stift oder dein Auto benutzt. Du bist nicht mehr als dieser physische Körper, aber als reines Bewusstsein wohnst du in deinem Körper. Es ist nur eine Frage der Zeit und der Erinnerung, bis sich dir deine wahre Realität offenbaren wird."

Lass mich jetzt einen Gang höher schalten. Denke einen Moment lang über den totalen Tod aller Körperteile nach.

Anders gesagt: Wenn jemand stirbt, was ist dann gestorben? Was ist es, das allein die Macht des Todes spürt? Natürlich, der Körper. Was ist nun der Körper? Der Körper ist eine vorübergehende Behausung oder Hülle für die Seele oder den Geist.

Meiner tiefen meditativen Untersuchung zufolge sind der teilweise oder vollständige Tod nur die Wege, auf denen die Existenz das Tor zu einer neuen Lebenserfahrung für deine Seele oder deinen Geist öffnet. Die Seele oder der Geist leben trotz körperlicher Veränderungen weiter, so wie der Mensch seine Kleidung wechselt und sein wesentliches Selbst beibehält.

Der Tod kommt nicht wirklich, um uns zu zerstören, sondern um uns in unser neues Leben zu helfen. Der Tod ist ein Reinigungsprozess, weil er einen neuen Platz für die Lebenden eröffnet, indem er uns von alten, machtlosen, ungelösten körperlichen Problemen befreit.

Jeder „Tod" ist eine neue Chance, das alte Muster loszulassen und ein neues Muster anzunehmen. Ich bin sicher, dass du inzwischen die Bedeutung des Todes aus einem breiteren geistigen Horizont heraus verstehst. Die Weisheit der Zeitalter hat immer gesagt, dass du oder ich keine materiellen Besitztümer mitnehmen werden, wenn der Tod an unsere Tür klopft. Das Einzige, was deine Seele dann mitnehmen wird, sind die Dinge, die du in deinem Bewusstsein gesät hast, während du in deinem Körper gelebt und geatmet hast.

Und was sind die oben genannten Dinge? Diese Dinge sind deine Gedanken, deine Gefühle und dein Wille oder deine Wünsche. Alles andere wird zurückgelassen. Das ist der Grund, warum ich das bewusste Training deines Geistes betone. Der Tod ist nichts anderes als die Rückkehr in deine ursprüngliche Heimat.

Warnung: Achte darauf, den Selbstmord nicht mit dem natürlichem Tod zu verwechseln. Beide haben ein unterschiedliches Seelenerlebnis. Die universelle Wahrheit ist, dass wir ernten, was wir hier oder sogar im Jenseits gesät haben. Ihr könnt es Karma nennen. Für mich ist der natürliche Tod wie ein wahrer Freund, der dich über deine mikrobegrenzende Horizontebene hinaus in die grenzenlos weite Makroebene führt.

Nun möchte ich dieses Kapitel mit einem Gedanken von mir beenden: Nachdem wir geboren wurden (Geburt: das größte Geschenk von Mutter Natur an uns Lebewesen), beginnen wir, den Kreislauf des Lebens zu genießen. Wenn wir heranwachsen und älter werden, bereiten wir uns ohne Zweifel auf die Ereignisse vor, die sich in unserem Leben ereignen werden, während wir atmen und in unserem Körper leben.

Aber die meisten von uns machen unbewusst einen großen Fehler. Das Versagen besteht darin, dass wir uns nicht geistig auf das wichtigste Ereignis vorbereiten, das mit Sicherheit das letzte Geschenk der Existenz oder ein von der Natur geschicktes Ereignis namens Tod sein wird. Deshalb ist es unsere Pflicht, uns bewusst auf das letzte Ereignis vorzubereiten, während wir leben. Wenn wir dies tun, werden wir den Moment des Lebens bewusster genießen. Und wenn das endgültige Ziel erreicht ist, werden wir auch diese Erfahrung oder den sogenannten Höhepunkt des Lebens, nämlich den Tod, genießen.

Welchen Sinn hat dieses Kapitel für dich gehabt
und wie hat es dein Bewusstsein erweitert?

Erstelle dir deine eigene Liste von Erkenntnissen.

Ashish Mehta

9. WECHSEL DER DIMENSIONEN VON LOK(A) ZU PARLOK(A)

Loka bedeutet in Sanskrit „diese Welt" und Parloka bedeutet „jenseits". Das bedeutet also den Wechsel der Realitäten von einer Dimension zur anderen. Gibt es, analytisch gesprochen, einen Stoff, der seine Existenz von einer Dimension in eine andere ändern kann? Die Antwort ist ja, und dieser Stoff wird „Seele" genannt.

Nun ist es so, dass wir Lebewesen, ob du es glaubst oder nicht, dieses Seelenelement haben. Manche nennen diesen Stoff auch Spirit. An dieser Stelle möchte ich dieses Seelen-Geist-Element mit den Frequenzen des Fernsehers oder des Radios oder des WLANs oder der intelligenten Gadgets vergleichen. Warum? Weil man die Frequenzen nicht mit dem bloßen Auge sehen kann, genauso wie man das Seele-Geist-Element nicht mit dem bloßen Auge sehen kann.

Denkst du, dass das Programm und das Signal aufhören, wenn du den Fernseher oder das Radio oder die Smart Gadgets oder die WLAN-Box ausschalten? Ist es nicht so, dass die unsichtbaren Stimmen, Nachrichtensendungen, Musik, Reels in den sozialen Medien immer noch in deiner Umgebung gespielt werden, auch wenn du sie nicht hörst oder siehst? Beeinträchtigt das Ausschalten deines Empfangsgerätes das Signal oder das Programm?

In ähnlicher Weise ist die Empfangsanlage für uns Menschen der Körper und das Signal oder Programm das Seele-Geist-Element. Das Seele-Geist-Element symbolisiert die Allgegenwärtigkeit und Kontinuität des Lebens, genau wie das Signal und das Programm deiner Geräte, wie oben erwähnt. Hoffentlich kannst du ein wenig verstehen, warum der Tod den Prozess des ewigen Lebens nicht beendet. Wenn jemand stirbt, dann wird sein oder ihr Körperfahrzeug fallen gelassen. Die Ebene der Dimension ändert sich, wenn der Tod eintritt. Die Kommunikationsebene wechselt von der physischen Dimension zum Geist oder in die geistige Dimension.

Der Tod ist die nächste Ebene, auf der sich das seelisch-geistige Element mit den Frequenzen des Kosmos oder der Existenz vermischt. Genau an diesem Punkt taucht eine Frage in meinem Kopf auf:

Wohin gehen ich und meine Seele, nachdem der Körper gestorben ist?

Und auch die nächste Frage: Was ist eigentlich der Körper?

Nach meinem Verständnis ist der Körper selbst eine Erfahrung von wechselnden Gefühlen, Empfindungen, Gedanken und Bildern und dient als Ort für unsere Seele. Die Seele ist formlos, unendlich und grenzenlos. Durch Selbstreflexion kann klar werden, dass, wenn der Körper (der eine

Form hat) stirbt, das Formlose (das die Seele ist) unendlich und grenzenlos in eine andere Dimension zu Parloka (Zustand im Jenseits) geht. Parloka hat keine spezifische Adresse, da es das Unendliche ist – eine riesige Stufe im Universum jenseits von Zeit, Raum und Verlusten.

Die faszinierende Tatsache ist, dass, wenn du dir etwas Zeit zum Nachdenken nimmst, du dich daran erinnern wirst, dass du diese menschliche Erfahrung durch deine grenzenlose Seele machst, die mit dem grenzenlosen Universum oder der Existenz verbunden ist.

Es ist wahr, dass du einfach vergessen hast, wer du wirklich bist in dieser hektischen, geschäftigen neuen Welt (Loka) mit Grenzen und Verlusten. Ehrlich gesagt, wenn du zu sehr an deinem Körper hängst, dann könnte dieses Konzept, das ich in diesem Kapitel erklärt habe, ein wenig aufregend sein. In meinen Coachings und Trainings sage ich den Leuten, dass sie sich selbst lieben und sich um ihren Körper kümmern sollen, dass sie aber auch Losgelöstheit üben sollen, indem sie ihren Körper so oft wie möglich aus der Distanz beobachten.

Nun schlage ich dir ein kleines Experiment vor, um die verschiedenen Dimensionen des Bewusstseins zu erfahren. Setze dich ruhig hin, atme ein paar Mal in den Bauch ein und aus dem Bauch wieder aus, schließe die Augen und frage dich dann im Geiste:

Woher bin ich in diesen Körper gekommen?

Wo bin ich jetzt und wo werde ich hingehen, wenn mein Körper stirbt?

Warte geduldig auf deine Antwort.

Wenn du sie nicht auf Anhieb bekommst, mache dir keine Sorgen! Eines Tages kannst du die Antwort aus deinem Inneren heraus hören.

Konnte dieses Kapitel die Dimension deiner Meinung ändern?

Wenn ja, wie? Mache dir einige reflektierende Notizen.

10. WAHRNEHMUNG

Bevor ich dieses Kapitel beginne, erinnere ich mich an ein Zitat von Dr. Wayne Dyer: „Wenn Du Deine Sicht auf die Dinge veränderst, verändern sich die Dinge, die Du siehst."

Versuche, den Tod so zu sehen, dass, wenn die Seele den Körper verlässt, sich nur die Wellenlänge und die Frequenz ändern. Der Tod ist nur ein Wechsel von einer Frequenz oder Schwingungsrate zu einer anderen. Für mich ist der Tod der Prozess des Austauschs der niedrigeren elektromagnetischen Geschwindigkeit gegen die höhere elektromagnetische Geschwindigkeit. Das heißt, der Tod ist der Übergang vom sterblichen Körper zum spirituellen Körper oder zur Seelenessenz, wodurch sich der Zustand von Frequenz, Schwingung und elektromagnetischer Geschwindigkeit ändert.

Ein weiterer Faktor, der zu berücksichtigen ist, ist, dass unsere physischen Augen nur das sehen können, was auf unserer eigenen Frequenzebene ist. Es ist also in Ordnung zu sagen, dass fleischliche Körper fleischliche Körper sehen, während geistige Körper geistige Körper sehen. So wie du nicht zwei Seiten einer Münze gleichzeitig sehen kannst, ist es für deine Augen schwierig, einen geistigen Körper zu sehen, während du noch im physischen, also fleischlichen Körper funktionierst.

Die Natur hat ihre eigene Art und Weise, uns Geheimnisse zu offenbaren, abhängig von der Ebene unseres Bewusstseins. Bewusstsein ist die Kombination aus Kognition, Emotion und Wahrnehmung.

Ich möchte dich nun zu den zwei Seiten einer Münze zurückbringen. Wenn du einen Spiegel benutzt, kannst du kognitiv die andere Seite der Münze sehen. Aber deine Augen können immer noch nur eine Seite der Münze sehen, zu jeder Zeit. Ursprünglich hat eine Münze zwei Seiten und beide Seiten gehören zu dieser Münze. Und obwohl deine Augen jeweils nur eine Seite sehen können, kannst du die Existenz der anderen Seite nicht leugnen.

Wenn dieses Beispiel dir helfen kann, deine Wahrnehmung zu verändern, dann wirst du vielleicht anfangen, das Thema Tod von einer anderen Ebene aus zu sehen und zu erleben. Der Tod ist eine elektromagnetische Aktivität, bei der eine Veränderung der Frequenz und der Wellenlänge stattfindet.

An dieser Stelle möchte ich darauf hinweisen, dass Veränderung nicht gleichbedeutend mit völligem Stillstand ist. Veränderung bedeutet nur, dass eine Sache endet und eine andere beginnt. Deshalb wird es richtig sein zu sagen, dass die Essenz des Lebens nicht zerstört werden kann. Die Essenz des Lebens verändert nur ihre Erscheinung und ihre Beziehung. Der einzige Unterschied zwischen denen, die ihr tot nennt, und denen, die ihr lebendig nennt, ist ein Unterschied im Bewusstsein plus ein Unterschied in der Schwingungsrate. Nehmt es so wahr: Die Toten schlafen in einem Raum ein und wachen in einem anderen Raum auf. Aber ihr, die ihr noch im Körper seid, wacht im selben Raum auf.

Meine ganze Arbeit als Human Performance Coach besteht darin, den Menschen zu helfen, die Bandbreite ihres Bewusstseins zu verändern und zu erweitern, so dass sie eine grenzenlose Denkweise aus der Vogel- oder Drohnenperspektive aufbauen können. Wenn du aktiv und bewusst damit beginnst, die sogenannten von Menschen gemachten konzeptionellen Grenzen in Bezug auf den Tod zu durchbrechen, dann wirst du beginnen, dein Fenster der Wahrnehmung zu erweitern. Und indem du das tust, wirst du langsam verstehen, wer du wirklich bist. Mit anderen Worten würde ich sagen, dass das Mysterium von Geburt, Raum, Zeit, Kausalität (Beziehung zwischen Ursache und Wirkung) und Tod gelöst werden kann, wenn du tief in die Oase deines freien potentiellen „Selbst" eintauchst.

Wenn das Thema Tod ein bisschen leichter genommen werden kann, dann können wir als Menschen ein Leben mit weniger Stress, weniger Panik und Angst haben, was dazu beiträgt, dass unser Kortisol- und Adrenalin-Spiegel stabil bleibt.

Wenn man lebt, kann man ein erweitertes, grenzenloses elektromagnetisches Feld innerhalb und außerhalb von einem bewusst aufbauen. Ich glaube, wenn du deine Reise auf dem positiven, kreativen und mutigen „Pfad des Lebens" (Path Of Living) beginnst, wirst du nicht nur dieses Leben genießen, sondern auch dein Leben nach dem Tod.

Erinnert euch daran: Was immer ihr hier auf diesem Planeten sät, solange ihr im Körper lebt, ist das, was ihr im Körper lebt. Und das ist das, was ihr mitnehmen werdet, wenn ihr eines Tages eure Körper ablegt und auf die nächste ewige himmlische Reise geht. Wir können nur unsere Gedanken, unsere Gefühle, unseren Willen und unsere Weisheit mitnehmen, wenn wir körperlich sterben. Deshalb lehrte mich Großmeister Panth Bhaven, was er von „Zarathustra" gelernt hat: gute Gedanken, gute Worte und gute Taten.

*Eine positive und hoffnungsvolle Veränderung der Wahrnehmung
kann in dir ein Gefühl der Freiheit hervorrufen.*

*Welche Veränderung in deiner Wahrnehmung hast
du nach dem Lesen dieses Kapitels gespürt?*

II. IDENTITÄT

Geburt, Leben und Tod sind Zustandsänderungen und keine Identitätsänderungen. Schau dir an, wie Wasser ständig seinen Zustand ändert. Wenn Wasser erhitzt wird, ändert es seine Form und seinen Zustand in Dampf oder Dunst. Wenn Wasser gefroren wird, verwandelt es sich in Eis. Wenn Sonnenlicht durch die Regentropfen fällt, verwandelt sich der Zustand des Wassers in einen Regenbogen. Und so weiter.

Du siehst, dass das Wasser ständig seinen Zustand ändert. Die Kernessenz aller verwandelten Zustände ist immer noch Wasser. Wir können also sagen, dass das Wasser seine Identität nicht ändert, sondern nur seinen Zustand. Deshalb änderst auch du auf ähnliche Weise ständig deinen Zustand, aber deine wahre Essenz oder Identität bleibt dieselbe.

Was ist nun deine wahre Identität? Deine wahre Identität ist „Bewusstsein". Bewusstsein ist die höchste Position und hat unendliche Möglichkeiten. Dieses Universum oder diese Existenz ist ein Quantencomputer, der aus einer Überlagerung unendlicher Möglichkeiten besteht. Wenn du dir jetzt etwas Zeit nimmst, um über all das nachzudenken, wirst du langsam anfangen zu verstehen, dass du nicht vom Universum getrennt bist. Egal, ob du in deinem derzeitigen Körper bist oder der letzte Tag kommt und du deinen Körper verlässt. Denn die wahre Identität und Essenz in dir und im Universum ist „Bewusstsein".

Betrachte all das noch einmal aus einer anderen Perspektive oder aus einem größeren Spektrum: Wenn du Zucker nimmst und ihn in ein Glas Wasser gibst, wird sich der Zucker nach einiger Zeit im Wasser auflösen. Zucker und Wasser werden eins. Auch wenn man den Zucker nicht sehen kann und nur Wasser sieht, kann man nicht leugnen, dass im Wasser Zucker ist. Genauso sehen unsere Augen nur den Körper und können das „Bewusstsein" nicht sehen. Aber Tatsache ist, dass es immer in uns und überall um uns herum vorhanden ist.

Meiner Meinung nach kommt ihr mit eurer wahren Identität, die Bewusstsein ist, aus dem Haus des Göttlichen hierher und kehrt mit dieser wahren Identität zum Haus des Göttlichen zurück. Nur der Zustand und die Form ändern sich ständig, und als Lebewesen im physischen Körper sollte es unsere Absicht sein, diesen Raum (zwischen der Ankunft hier auf diesem Planeten und dem Verlassen dieses Planeten nach Ablauf der physischen Zeit) schön, freudig und glückselig zu gestalten, mit Bewusstsein.

Wenn du tief nachdenkst – das, was wir als Geburt, Leben und Tod bezeichnen, sind alle diese (oben genannten) Zustandsveränderungen.

Deine grundlegende Identität ist das Bewusstsein, das die Erfahrung macht, dass sich die Zustände deines Seins verändern.

Der Tod ist lediglich ein Zustandswechsel und nicht die Identität.

Was war das Beste, das du aus diesem Kapitel mitnehmen konntest?

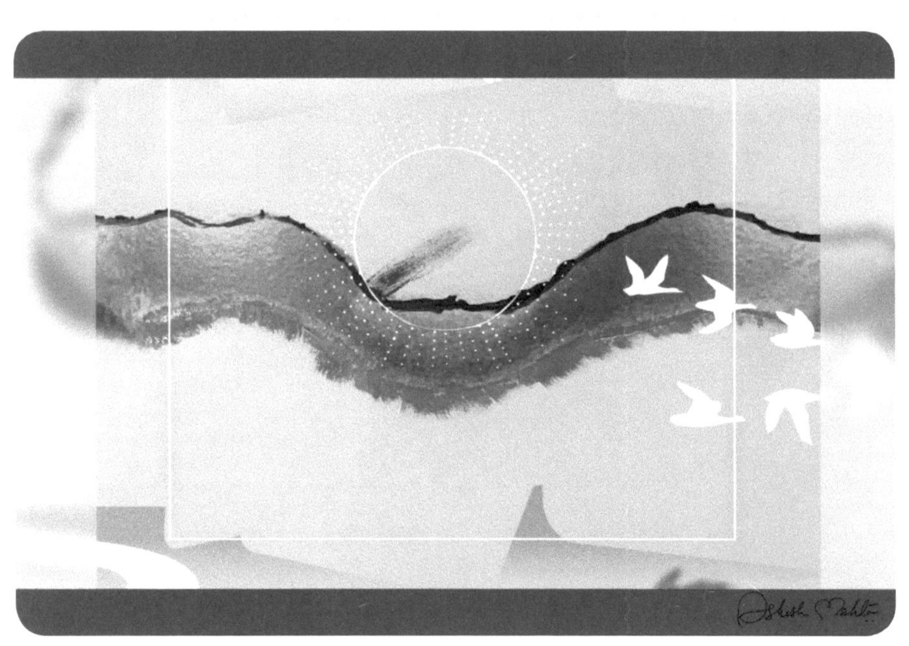

12. VERBLASSEN UND VERSCHMELZUNG

Du, ich oder wir kommen allein mit leeren Händen hier auf diesen Planeten, wenn wir geboren werden. Und eines Tages gehen wir allein mit leeren Händen, wenn der Tod an die Tür des Lebens klopft. Es handelt sich hierbei um eine kalte, wahre Realität, doch viele Menschen verstehen sie nicht und ebenso wenig die Tatsache, dass alles, was dazwischen geschieht, fast wie ein Traum erscheint.

Wenn du dir das Spiel von Leben und Tod ansiehst, wirst du feststellen, dass die Zeit zwischen Leben und Tod die einzige Zeit ist, in der du mit Bewusstsein genießen, lernen, verzeihen und lieben kannst. Wenn du deinen geistigen Horizont öffnest und einen tiefen Atemzug nimmst, um dich auszudehnen, dann fängst du vielleicht an, die Botschaft deiner Seele zu verstehen: Nach der Geburt kommt eines Tages das Datum des Verblassens – dann folgt wieder die Zeit des Verschmelzens mit der Existenz. Lass mich diese Tiefe erklären.

Dieser physische Körper besteht aus 5 Elementen, nämlich Äther, Wasser, Erde, Luft und Feuer. Diese 5 Elemente existieren auch draußen auf der Ebene der Natur oder der materiellen Ebene. Aber verborgen in diesem physischen Körper aus 5 Elementen gibt es einen anderen feineren Körper für eine höhere Ebene.

Diese Ebene wird die kosmische Ebene genannt und dieser feinere Körper wird Geist- oder Lichtkörper genannt. Das Problem ist, dass du mit deinen bloßen Augen, wenn du vor dem Spiegel stehst, nur den natürlichen physischen Körper siehst, der, wie oben erklärt, aus Flüssigkeit, Gas, Feststoff oder 5 Elementen besteht. Den feineren Geist- oder Lichtkörper kann man nicht sehen.

Und so denkt der menschliche Verstand, der Raum zwischen Leben und Tod sei das Wahre, und ignoriert die Matrix der Illusion. Das Gehirn eines Menschen erkennt nach einiger Zeit überhaupt nicht mehr, dass du, ich oder wir auch einen feineren, subtileren Geist- oder Lichtkörper haben, der jenseits aller physischen Sinne ist. Wenn der Mensch tatsächlich im physischen Körper der Sinne lebt, dann beginnt das Gehirn, das kollektive Bewusstsein der Interpretation der menschlichen Wahrnehmungsaktivitäten (z.B. die 5 Sinne) zu projizieren.

Was ich von dem mystischen Großmeister Panth Bhaven gelernt habe, ist, dass, wenn der Tod naht, die physischen Sinne zu verblassen beginnen. Die Abstumpfung der Sinne beginnt langsam im Prozess des Todes. Die ersten Sinne, die verblassen, sind der Geschmack und der Geruch, gefolgt von Sehen und Hören, dann Tastsinn und schließlich Schallschwingungen. Am Ende verblassen auch die Gedanken. Wenn alle Sinne ausgeblendet sind und der physische Körper offiziell für tot erklärt wird, beginnt die Rolle des feineren, subtileren Geistkörpers oder Lichtkörpers, der langsam mit der Existenz verschmilzt. Dieses Verschmelzen ist der Beginn der nächsten himmlischen Reise.

Betrachte es so, dass der Prozess des Verblassens und Verschmelzens auf eine andere Art und Weise abläuft – der Tod des Eies bedeutet die Geburt des Kükens, der Tod des Samens bedeutet die Geburt der Pflanze, und der Tod des Alten bedeutet die Geburt des Neuen.

Der gesamte Impuls der Schöpfung ist mit Evolution und Vorwärtsdynamik aufgeladen, was wiederum bedeutet, dass Veränderung unvermeidlich ist. Und so ist der Tod nur eine andere Seite des Lebens. Materie und Geist sind zwei Aspekte einer Sache.

So wie ein Schild auf der einen Seite aus Silber und auf der anderen Seite aus Gold sein kann, aber man nicht beide Seiten auf einen Blick sehen kann; noch kann man eine Seite beschreiben, indem man die andere Seite betrachtet. Wenn man sich ein vollständiges Bild des Schildes machen will, muss man zwei Bilder haben und nicht nur eines.

Innerhalb des alten Körpers befindet sich ein neuer Körper, und wenn der alte physische Körper verblasst, beginnt der neue Geist oder Lichtkörper die nächste Reise der Verschmelzung mit dem Kosmos.

Wie wäre es nun, wenn du dir eine Auszeit nimmst und deine Gedanken über die Reise deines Lebens neu bewertest.

Kannst du dir vorstellen, jetzt zu transzendieren?

Wenn ja, wie? Erstelle dir deine eigenen Aufzählungspunkte.

13. DIE INTERPRETATION VON GNADE

Die Gnade des Lebens beginnt, wenn man sich der Tatsache bewusst ist und sie akzeptiert, dass nach der Geburt eines Tages der Tod eintreten wird.

Dieses Buch von mir oder Coachings mit mir können dir helfen, dein Leben mit vollem Bewusstsein zu leben, bevor du stirbst. Und wenn die Dämmerung des Lebens naht und die Zeit der Verschmelzung mit der Existenz nicht mehr allzu weit entfernt ist, kannst du dich mental und emotional auf die nächste himmlische Reise in eine andere Dimension vorbereiten. Anmutig zu sterben ist der Schlüssel, um die himmlischen Türen in deinem Wesen zu öffnen. Und ja, nicht zu vergessen, Gnade kommt durch Mut.

Der ganze Zweck dieses meines fünften Buches ist es, euch Hoffnung und Mut zu geben, indem ihr euch in diesem Leben ein wenig bewusster werdet. Es gibt eine Möglichkeit, dass du der Meister deines Seins werden kannst, wenn du das Spiel von Leben und Tod verstehst. Aber um diese Meisterschaft zu erreichen, musst du den Prozess der Bewusstwerdung von heute an beginnen.

Wenn du das Wissen aus diesem Buch in deinem täglichen Leben anwenden kannst, dann ist der Tag nicht mehr fern, an dem du erkennen wirst, dass das Leben wie ein Fluss ist, der letztendlich mit dem göttlichen Ozean der Ewigkeit verschmilzt. Wenn du innerlich klar bist, dann kannst du anfangen, die unerwünschten Gedanken fallen zu lassen und abzulegen und die Ketten der Knechtschaft von deinem inneren Kern zu lösen. Um die Sprache der inneren Gnade zu verstehen, musst du dich von angesammeltem, unklarem, geborgtem Wissen über dein wahres und reines Wesen befreien.

An dieser Stelle möchte ich dich bitten, das Lesen für ein paar Minuten zu unterbrechen und dich mit deinem inneren Kompass in Verbindung zu setzen oder besser gesagt, dich auf ihn einzustellen und dich zu fragen:

Ergibt das alles einen Sinn für mich?

Wenn die Antwort „Ja" lautet, dann lies weiter.

Jetzt möchte ich etwas Licht auf den Zustand des Bewusstseins oder der Bewusstheit werfen. Dieser ist der wahre Zustand deines, meines und unseres Geist- oder Lichtkörpers. In den Geist- oder Lichtkörper ist das unendliche Bewusstsein der Seele verwoben. Das unendliche Bewusstsein hat drei Aktivitäten: nämlich Kognition (eine Kombination aus Wissen, Verstehen,

Vorstellungskraft und Wahrnehmung), Emotion und Wille (Willenskraft). Nimm dir etwas Zeit, um dies zu verdauen. Denn wenn du es verstehst, kannst du mit Bewusstheit dein unendliches Bewusstsein anzapfen, um von Zeit zu Zeit die innere Gnade zu erfahren.

Wenn du die Gnade von innen erfährst, erlebst du gleichzeitig Freude und Glückseligkeit. Indem du zum Beispiel täglich Meditation, Kontemplation und mein Pantha Hatha Yoga praktizierst, kannst du den Zustand deines Bewusstseins verändern. Wer die Meisterschaft erlangt hat, den Bewusstseinszustand freiwillig zu verändern, kann seine Schwingungen der inneren Gnade und Frequenzen genießen. Von nun an wird diese Person zu einem furchtlosen Erforscher des Todes.

Meine Definition des Geist- oder Lichtkörpers, der mit deiner Seele verbunden ist, wäre: Bewusstsein, das mit der Interpretation vergangener Erinnerungen, Erfahrungen und Wünsche gesät ist, die zu Vorstellungskraft und Handlungstendenzen führen.

*Fühle dich frei, einige deiner Eindrücke zum
Thema Gnade aufzuschreiben.*

14. DER WECHSEL
DER ZUSTÄNDE

Ich habe mir gedacht, dass wir an dieser Stelle etwas tiefer in die Thematik des Bewusstseins einsteigen sollten. Das Bewusstsein wechselt ständig seinen Zustand. Mit jedem Gedanken ändert sich dein Zustand des Seins. Mit jeder Wahrnehmung und Emotion ist deine Erfahrung der Welt eine andere. Ebenso ist mit jedem Bild in deiner Vorstellung, das mit deinen Wahrnehmungen verwoben ist, alles um dich herum anders.

Das führt zu einer Sache, nämlich dass wir unsere Zustände ständig und ewig im zeitlosen Jetzt verändern. Und genau darum geht es bei der Reise von Geburt, Leben und Tod: Es ist die Veränderung und nicht das Reisen von einem Punkt zum anderen, sondern das Wechseln von Zuständen. Der Wechsel der Zustände in der Wahrnehmung, der Wechsel der Zustände im Gefühl und der Wechsel der Zustände in der Vorstellung. Das Wechseln der Zustände hat also schon immer stattgefunden und wird auch weiterhin immer stattfinden.

Und wenn du meditiert hast, kannst du die Dinge bewusst beobachten. Wenn du bislang nicht meditiert hast, dann fange heute damit an. Denn ein Mensch, der meditiert, kann die sich ständig verändernden und wechselnden Zustände des Seins bewusst beobachten.

Deshalb ist es sehr wichtig zu verstehen, dass das Bewusstsein jenseits des Körpers liegt. Wenn du also die Ebene des Bewusstseins durch Meditationen veränderst, kannst du die Wahrnehmungsaktivitäten deines Körpers und deines Geistes als Beobachter verändern. Tatsache ist, dass, wenn ein Beobachter die Ebene ändert, indem er den Zustand seines/ihres Verstandes bewusst ändert, sich die Beobachtung ändert und sogar das Beobachtete sich mit ihr ändert.

Mein Vorschlag ist, dass du von nun an damit beginnst, deinen inneren Zustand zu wechseln und dir als Beobachter Notizen über die Beobachtungen um dich herum zu machen.

Nun stellt sich bewusst die Frage, warum es zu Todesfällen kommt, die so plötzlich passieren? Ehrlich gesagt habe ich keine Ahnung davon, aber was ich weiß, ist, dass wir mitten im Leben immer dem Tod ausgesetzt sind. Wichtig ist also, dass du bereit bist, den Wandel zu vollziehen, wenn er kommt.

Die gute Nachricht für dich ist, dass du, wenn du dieses Buch liest, atmest und lebst. Und wenn du am Leben bist, kannst du dir Zeit nehmen, um den gesamten Prozess von Leben und Tod sowie den Wechsel der Aggregatzustände zu verstehen.

90

Ich würde sagen, wenn du deinen Verstand, deinen Körper und deinen Geist jeden Tag trainierst, indem du jeden Tag bewusst so lebst, als wäre es der letzte Tag, dann bereitest du dich positiv auf diesen letzten Tag vor, an dem der Ruf aus der Existenz kommt.

Ich persönlich denke, dass die Bereitschaft der Menschen vor dem Wechsel der Zustände sehr, sehr wichtig ist.

Der Tod ist für jemanden, der seine unerledigten Aufgaben während seines Lebens nicht beendet hat, eine miese Sache. Mit unerledigten Aufgaben meine ich Dinge wie Frieden zu schließen mit hungerndem Ärger, giftigem Groll, nicht geheilten emotionalen Wunden und unversöhnten Feindschaften. Wenn der Tod zuschlägt, ist es unmöglich, die oben erwähnten Blockaden und andere Dinge in Ordnung zu bringen.

Deshalb habe ich gesagt, dass es klug ist, jeden Tag seine emotionale und mentale Rechnung mit dem Gefühl abzugleichen, dass es der letzte Tag sein könnte.

Ich schlage vor, dass du dein Mindset-Training beginnst, um dich auf den Wechsel der Zustände ab heute vorzubereiten, indem du die unvollendeten Blockaden und Hindernisse in deinem Herz und Kopf langsam auflöst.

Erinnert ihr euch an die Raupe, die sich in einen Schmetterling verwandelt, wenn sie glaubt, dass das Leben zu Ende ist und die ganze Welt untergeht? Genau das ist der Wechsel der Zustände.

Zwischen zwei Zuständen gibt es immer einen Zwischenraum.

*In welchem Zustand und Raum befindest
du dich jetzt in diesem Moment?*

15. DIE PHANTASIE ANREGEN

Im Kapitel davor habe ich alles über veränderte Bewusstseinszustände oder veränderte Zustände des Seins gesprochen. Lass mich nun deine Vorstellungskraft ein wenig anregen. Um damit zu beginnen, nimm dies als einen metaphorischen Ansatz, und zwar, dass jeder Mensch eine Geschichte hat. Seit wir auf diesem Planeten geboren wurden, hat man uns Geschichten erzählt, und seit wir uns unserer Selbst bewusst geworden sind, erzählen wir uns und anderen Geschichten. Ganz gleich, ob es sich dabei um religiöse Geschichten, mythische Geschichten, romantische Geschichten oder fiktive Geschichten handelt: Unser Leben ist, wenn wir es schöpferisch betrachten, eine Sammlung von Geschichten aller Art.

Wenn du darüber meditierst und an deinem phantasievollen Gehirn ein wenig kratzt, wirst du vielleicht langsam feststellen, dass der lebendige Zustand vergangene, gegenwärtige und zukünftige Geschichten enthält. Und so hat jede Geschichte ihren eigenen Raum. Als Menschen projizieren wir, du und ich, uns in diese sich verändernden Räume und Zeiten. Erweitere einfach dein Bewusstsein ein wenig und du wirst erstaunt sein, zu verstehen, wie wunderbar wir alle die Zustände unseres Seins verändern.

Ich erinnere mich an die Worte des berühmten Dichters Rumi und gebe diese mit meinen eigenen Worten wieder: Wenn ich sterbe, werde ich mit den Engeln aufsteigen, und wenn ich für die Engel sterbe, kann sich niemand vorstellen, was aus mir werden wird.

Deshalb sage ich, dass die wichtigste Aufgabe eines Menschen darin besteht, sich darin zu üben, seine Vorstellungskraft zu erweitern, um sie auf eine höhere, positive und kreative Ebene zu bringen. Indem du deine Vorstellungskraft erweiterst, erweiterst du auch dein Bewusstsein.

Die Existenz hat dieses Geschenk nur deshalb den Menschen gegeben, um die Fähigkeit zu haben, sich weiterzuentwickeln, zu recyceln und die Vorstellungskraft mit Achtsamkeit zu erweitern. Keine Pflanze, kein Tier und keine KI (Künstliche Intelligenz) kann das erreichen, was du als lebender Mensch erreichen kannst, wenn es darum geht, das mystische Spiel von Leben und Tod zu verstehen.

Mit Mut im Herzen und mit der Weisheit der Vorstellungskraft wirst du in der Lage sein, die Wahrheit zu analysieren. Das Vermeiden oder Weglaufen vor der Angst oder dem Kummer des Todes hat noch nie jemandem geholfen und wird es auch nie tun. Wenn du dich dieser unvermeidlichen Realität, die sich physischer Tod nennt, mit Mut und Achtsamkeit stellst, dann wirst du dem Tod die Macht rauben, dich vor dem Unbekannten zu ängstigen. Nur wenn du das Schlimmste in der Gegenwart akzeptierst, kannst du anfangen, auf den Heilungsprozess hinzuarbeiten.

Der erste Schritt besteht also darin, sich der Trauer über den Tod zu stellen, bevor er einen selbst trifft.

Wenn du dies am Anfang tust, wirst du erst einmal einen emotionalen Schock, Traurigkeit und Wellen der Taubheit erleben. Es kann der Gedanke auftauchen, dass das Licht weg ist und man in der Dunkelheit zurückbleibt. Vielleicht fühlst du dich anfangs sogar leer und traurig. Dann fühlt man sich vielleicht auch bitter und möchte schluchzen. Diese Gedanken erlauben es den meisten Menschen nicht, über den Tod nachzudenken.

Aber ich möchte dich hier trösten und dir sagen, dass das alles normal ist. Versuche also nicht, vor solchen Gefühlen davonzulaufen und versuche nicht, sie zu verdrängen oder zu unterdrücken. Der Ausdruck von Trauer ist ein Heilmittel, und es auszudrücken und loszulassen ist kein Zeichen von Schwäche. Tränen können die Spannung des Kummers und die Angst vor dem zukünftigen Tod beseitigen.

Wenn du den Prozess des Sterbens und die damit verbundene Trauer bewusst angehst, dann wird dir dein Bewusstsein eines Tages sagen, dass deine Seele oder dein Geist niemals stirbt, sondern sich nur verändern oder sich die bestehende Dimension verschieben wird.

Der nächste Schritt ist, heute all die Dinge zu tun, die du morgen tun wolltest. Setze dich mit dir selbst hin und mache eine Liste mit all den Dingen, die du vernachlässigt hast. Solange du atmest und der Atem da ist, wenn du lebst, lebe jeden Tag so, als wäre es dein erster und letzter Tag, den du jemals haben wirst.

Tue die Dinge, die du jetzt tun solltest. Ein Toter kann die Blume nicht riechen oder mit allen Sinnen schmecken. Vergeude keine weitere Zeit in der restlichen Zeit deines Lebens und vollende, was noch unerledigt ist.

16. REISE JENSEITS VON ZEIT UND RAUM

Eine Reise zu machen bedeutet, von einem Ziel zum anderen zu fahren. Oder? Betrachte nun den gesamten Prozess von Geburt, Leben und Tod aus einer anderen, aber kreativen Perspektive und Wahrnehmung. Denn die fundamentale Realität ist unvorstellbar, unbegreiflich, irreduzibel, unendlich, ohne Anfang und ohne Ende.

Viele Menschen, die Psychedelika konsumieren, machen immer wieder die Erfahrung, von einer Dimension in eine andere zu reisen. Aber der zentrale Punkt ist die unsterbliche Seele und der Geist. Nicht zu vergessen ist auch, dass deine Einstellung das Ergebnis deiner Reaktionen bestimmt, wenn es darum geht, diese zeit- und raumlosen Zonen zu erleben.

Wenn du nun dieses Trab-Phänomen der wechselnden Zustände (Tripping-Phänomen aus der Welt der Aghori) betrachtest, dann bedeutet das, dass sich die Zustände tatsächlich verschieben. Zustandsverschiebung kann eine Verschiebung der Vorstellungskraft sein ...

oder eine Verschiebung der Wahrnehmung

oder eine Verschiebung der Gedanken

oder eine Verschiebung der Empfindungen

oder eine Verschiebung der Wünsche

oder sogar eine Verschiebung der Emotionen.

Was dann passiert, ist, dass du anfängst, verschiedene Realitäten zu projizieren, die nur virtuelle Realitäten und einfach Verschiebungen von Zuständen von Wesen sind.

In der Sprache des Laien bedeutet eine Reise, dass man von einem Ort zu einem anderen Ort geht und die für die Reise erforderlichen Dinge mitnimmt. Für die Seele könnte eine Reise nach dem Tod des Körpers die Reise von dieser planetarischen Dimension in die ewige kosmische Dimension sein, wobei sie die notwendigen Dinge mit sich führt, einschließlich des Gedächtnisses und des Charakters, die bewusst oder unbewusst in dieser Lebensspanne als menschliches Wesen aufgebaut wurden.

Mein Vorschlag wäre, dass du anfangen sollst, den Tod aus einer meditativen Perspektive zu betrachten und mit weniger Traurigkeit, Trauer und Angst. Wenn du einen klaren Zugang zu Geburt, Leben und Tod entwickelst, dann wird sogar diese menschliche Reise interessant, um sich dieser gegebenen Zeit hier bewusst zu sein, während du atmest.

Denke daran: Alles Wasser der Welt kann ein Schiff nicht versenken, wenn es nicht ins Innere des Schiffes gelangt, und so können all die Sorgen und Ängste der Welt dir nicht schaden, wenn sie nicht in deine Gedankenformen oder in deinen Geist gelangen. Aus diesem Grund habe ich zu Beginn dieses Kapitels erwähnt, dass deine Denkweise die Ergebnisse deines Lebens bestimmt.

Wenn du, während du in deinem Körper lebst und atmest, deinen bewussten und unbewussten Verstand trainieren und all die wechselnden Jahreszeiten der inneren und äußeren Sorgen, des Ärgers, der Trauer und der Freude losgelöst beobachten kannst, dann und nur dann kannst du vielleicht die Traurigkeit überwinden, die sich um das Thema Tod rankt.

Dein Dharma oder deine richtigen Schritte, während du atmest, müssen darin bestehen, das Thema des unvermeidlichen „Todes" von heute an nicht mehr zu ignorieren, sondern sich ihm zu stellen. Auf diese Weise kannst du langsam beginnen, die Haltung und die Denkweise einer Person zu entwickeln, die für jede Art von Seelenreise mit einem enthusiastischen, kreativen und bewussten Lebensstilansatz für den Rest seines/ihres Lebens bereit ist.

Und so, meine Lieben, sagt „JA" zu dem zeit- und raumlosen Trab-Phänomen, den wechselnden Zuständen eurer Seelen oder Geister und umarmt den Transmutationsprozess des Todes.

*Kannst du nach dem Lesen dieses Kapitels über etwas
nachdenken und etwas aufschreiben, das über die
Wahrnehmung von Zeit und Raum hinausgeht?*

17. 5 FRAGEN

An dieser Stelle möchte ich dich bitten, all deine Ablenkungen abzuschalten und dir diese 5 Fragen zu stellen.

1. Frage:
Wer bin ich?

2. Frage:
Woher komme ich?

3. Frage:
Warum bin ich hier auf diesem Planeten?

4. Frage:
Was kann ich als Mensch tun?

5. Frage:
Wohin werde ich von diesem Planeten gehen, wenn meine Zeit abgelaufen ist?

Meine Erläuterungen zu diesen Fragen lauten wie folgt:

1. Wer bin ich?

Mit „Wer bin ich?" ist nicht gemeint, was du tust oder was deine berufliche Identität ist. Eigentlich ist „Wer bin ich?" die wahre Essenz eines Individuums, die in jedem Wesen verborgen ist und offenbart werden muss. Das Traurige daran ist, dass die meisten Menschen nie erfahren, wer sie wirklich sind oder was ihre wahre Essenz ist. Sie sterben einfach als jemand anderes.

2. Woher komme ich?

Woher du kommst, hat nichts mit irgendeiner ethnischen Zugehörigkeit oder Nationalität zu tun. Diese Frage steht vielmehr in direktem Zusammenhang mit dem Prozess deiner Schöpfung, deiner evolutionären Entwicklung als Mensch und deiner wahren kosmischen Quelle.

3. Warum bin ich hier auf diesem Planeten?

Die Frage, warum du hier auf diesem Planeten Erde bist, hat mit deiner Bestimmung als menschliches Wesen zu tun. Sie wird im Sanskrit „Dharma" genannt. „Warum bin ich hier?" steht in direktem Zusammenhang damit, warum ein Individuum existiert! Möglicherweise besteht der Zweck der menschlichen Existenz darin, ständig zu versuchen, sein höchstes Potenzial zu erreichen.

4. Was kann ich als Mensch tun?

Bei der Frage „Was kann ich als Mensch tun?" geht es darum, was deine wahren Fähigkeiten, Möglichkeiten und Potenziale als Mensch sind. Jeder Mensch hat etwas Einzigartiges zu geben und zu unserem schönen Planeten beizutragen.

5. Wohin werde ich von diesem Planeten gehen, wenn meine Zeit abgelaufen ist?

Wohin du von hier aus gehst, wenn deine Zeit um ist, hängt mit der nie endenden himmlischen, kosmischen, unbekannten Reise deiner Seele oder deines Geistes in eine andere Dimension zusammen.

Ich möchte dich daran erinnern, dass dies meine Sichtweise ist. Du musst dir eine Auszeit in der Einsamkeit nehmen, um über diese fünf grundlegenden Fragen nachzudenken, zu meditieren oder zu kontemplieren. Hab Vertrauen in dein Herz und fange an, in deinem Inneren zu graben, damit du die wahre Essenz deiner Seele, deines Geistes oder deines Wesens zum Ausdruck bringen kannst.

Meine Arbeit als Autor besteht nicht darin, dir die Antworten auf dein Leben zu geben. Ich möchte dich durstig machen und dich dazu bringen, in dir selbst nach deinen eigenen Antworten zu suchen.

*Wenn du das Gefühl hast, dass du noch ein paar Fragen
aufschreiben solltest, die dir helfen könnten, eines Tages deine
Form in die Formlosigkeit zu verwandeln, dann tue es jetzt.*

Schreibe deine Fragen auf.

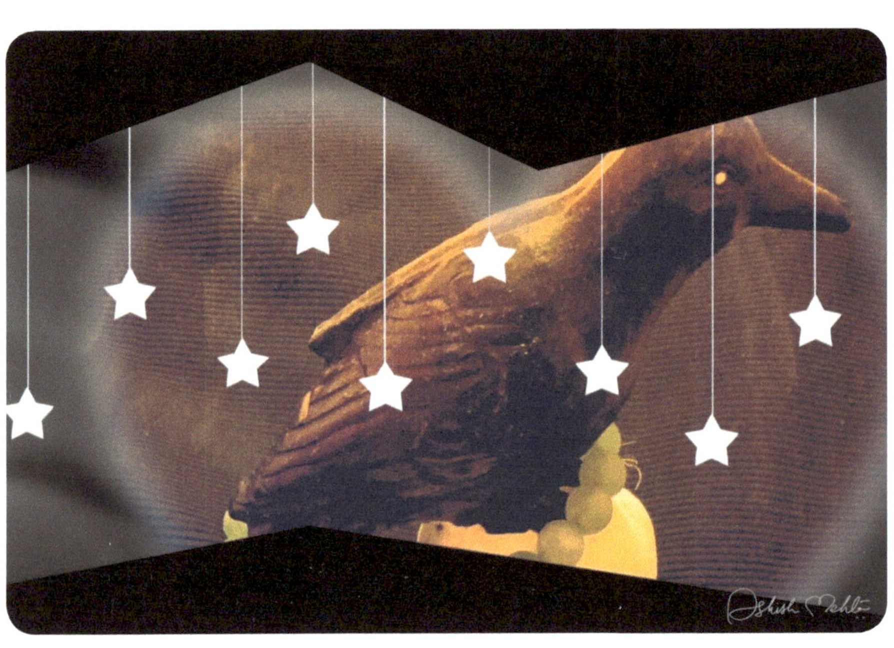

18. STARKE FAKTEN

Ich möchte dich nun mit einigen starken Fakten konfrontieren, die dir in dieser Form bislang vielleicht noch nicht so bewusst waren.

1. Das Einzige, was der Mensch nicht aufhalten, aufschieben, ignorieren, trotzen oder vermeiden kann, ist der Tod.

2. Der größte gemeinsame Nenner der Menschheit ist der Tod.

3. Die größte Gleichheit (Equalizer) der gesamten Menschheit ist der Tod.

4. Die größte Angst der Menschen ist der Tod.

5. Die Endlösung des Lebens ist der Tod.

6. Der Tod ist der einzige Termin, den jeder Mensch täglich einhalten muss.

7. Es gibt nichts Dauerhafteres als den Tod.

8. Nichts macht uns so hilflos wie der Tod.

9. Das Einzige, was man mit dem Tod tun kann, ist – sich auf ihn vorzubereiten.

Lass mich nun den empfindsamen Punkt ansprechen, den die meisten Menschen in sich tragen, nämlich dass „der Tod der größte Feind ist". Die größte Angst des Menschen ist der Tod. Deshalb nehmen die Menschen Vitamine zu sich, joggen oder sind auf der Suche nach einem Lebenselixier für das ewige Leben und so weiter.

Denk daran, Geld kann letztlich niemanden vor dem Tod schützen. Wenn es also so ist, dass der Tod jeden erwischen wird, egal ob er/sie ein Kind, ein Baby, ein Teenager, ein junger oder alter Mensch, ein Politiker oder ein Papst, ein König oder eine Königin, ein Armer oder ein Milliardär, ein Schauspieler, eine Schriftstellerin oder was auch immer ist: Wäre es dann nicht klug, sich von jetzt an darauf vorzubereiten?!

Lenin behauptete: Gott ist tot. Aber sieh die Ironie hier, denn er und Menschen auf der ganzen Welt wie er sind tatsächlich tot. Das hat mich zum Nachdenken gebracht, dass der Tod das Einzige ist, was von Dauer ist, und nicht die Menschen, die versuchen, dem Tod mit ihren Worten und Taten zu entkommen oder auszuweichen.

Der Tod bedeutet nicht, dass er das Ende von allem ist, sondern er ist das Ende des Diesseits, in dieser Welt. Was folgt, wenn der physische Körper stirbt, ist die Art von Taten, die du seit deiner Geburt hier im Diesseits getan hast, bis der Tod an die Tür deines Lebens klopfte.

Meine lieben Leser und Leserinnen, die ganze Anstrengung, dieses fünfte Buch zu schreiben, besteht darin, dich aufzuwecken und dir zu sagen, dass es keine Lüge ist, dass ich oder du eines Tages definitiv sterben werden. Das Einzige, was nach dem Tod des Körpers nicht stirbt, sind dein Geist oder deine Seele. Der Geist oder die Seele sind also unsterblich und haben das Element des Todes in sich, wenn sie einen physischen Körper besitzen. In den 50 Jahren meines menschlichen Lebens habe ich gelernt, dass es auch unsere Aufgabe als Menschen ist, mit dem, was nicht stirbt und sich Geist oder Seele oder leerer Körper nennt, in Verbindung zu treten, während wir leben und atmen.

Ich möchte dieses Kapitel abschließen, indem ich dir sage, dass du über all die Punkte, die ich dir hier gegeben habe, nachdenkst und anfängst zu üben, um die Angst vor dem Tod zu zerstören, bevor der Tod dich betrifft.

Du als Mensch hast die Macht, bewusst zu wählen, wohin du gehen möchtest, wenn deine physische Zeit abgelaufen ist und dein Körper stirbt. In meiner POL (Path Of Living) Methode lehre ich meine Klienten und Schüler, wie man den Tod anlächelt und vom Tod in die Unsterblichkeit geht.

Wenn das alles für dich Sinn macht, dann komme und schließe dich meiner Mission an, mit Furchtlosigkeit und Freude in deinem Herzen und in deinem Geist zu leben.

*Auch deine Meinung zählt, also schreibe bitte deine Ideen
auf, nachdem du dieses Kapitel gelesen hast.*

19. DISKUSSION ÜBER DEN TOD

Wenn wir alle über Geburt und Heirat sprechen, warum sollten wir dann nicht auch über den Tod sprechen? Die Diskussion über Leben und Tod ist wichtig. Sie ist für die gesamte Menschheit wichtig. Und warum? Weil Leben und Tod zusammengehören.

Die harte, kalte Tatsache, an die wir uns wieder erinnern müssen, ist, dass jeder Mensch stirbt – früher oder später. Die Natur folgt bestimmten Gesetzen. Der Tod ist eines der unvermeidlichsten Gesetze der Natur, das auf die Geburt und das Leben folgt. Der Tod ist die Art und Weise, wie die Natur vorgeht, wenn sie sieht, dass die Zeit für die Seele oder den Geist gekommen ist, den Körper zu verlassen. Dann führt die Natur diesen letzten Akt durch: den Vorgang des Todes.

Wenn du dich darin geübt hast, dein Leben bewusst zu leben, dann kann der Prozess des Todes eine große bewusste Befreiung oder ein Höhepunkt sein. Wenn du bewusst sterben könntest, wenn die Natur ihren letzten Akt durchführt, dann wirst du wissen, dass deine Verstrickung mit dem Körper und dem Gehirn unterbrochen ist. Du wirst in der Lage sein, mit Leichtigkeit loszulassen, wie ein Beobachter.

Bewusst zu sterben ist ein großes Wunder, weil deine Seele oder dein Geist dann, nachdem er/sie diesen weltlichen Körper und das Gehirn verlassen hat, wieder mit dem ewigen Bewusstsein des immer liebenden Universums vereint ist.

Ich persönlich bin ein großer Fan von Gesprächen über den Tod, denn sie helfen dir, deinen geistigen Horizont zu öffnen und deine Einstellung gegenüber der letzten Runde nach der Geburt zu entwickeln. Wenn du dich bewusst auf diese Art von Gesprächen mit Gleichgesinnten einlässt, dann wird die Angst vor dem Tod allmählich geringer und deine emotionalen und psychologischen Blockaden in Bezug auf den Tod beginnen langsam zu heilen.

Gelingt es dir, regelmäßig Zeit für solche Treffen zu finden, um den Tod zu analysieren, dann wird dieses unvermeidliche Thema vielleicht ein wenig leichter für dich. Du könntest zum Beispiel das Gefühl haben, dass es keinen Grund gibt, sich Sorgen zu machen, wenn der Tod oder das Ende dieses Körpers kommt, da es dann eine neue Gelegenheit sein könnte, wieder einen frischen, jüngeren und gesünderen Körper anzunehmen oder auf einem anderen Planeten zu sein oder andere himmlische Reiche mit weniger Problemen zu besuchen. Man könnte auf die Idee kommen, dass es in der Zeit des Todes, wenn es soweit ist, keinen Sinn macht, sich zu sträuben.

Wenn du dich bewusst auf solche Debatten über Geburt, Leben und Tod einlässt, fängst du vielleicht auch an, kleine Momente deines Lebens voll zu leben. Wenn du jetzt anfängst, dein Leben in vollen Zügen zu leben, wird sich deine logische Sichtweise oder Einstellung zum Positiven verändern und deine Denkweise kann in die Frequenz des Nicht-Bedauerns übergehen.

Eines möchte ich noch hinzufügen: Wenn dein Leben für andere und für dich selbst sinnvoll war oder ist, dann wirst du zum Zeitpunkt des Todes deinen Körper und dein Gehirn als ein glücklicheres Wesen verlassen.

Ich selbst bin kein Experte für den Tod, da ich noch auf diesem Planeten lebe. Aber ich praktiziere die Kunst des bewussten Sterbens. Ja, es ist keine leichte Aufgabe und es gehört Disziplin dazu, da man es regelmäßig ausüben muss. Aber wenn man seine Willenskraft für solche unkonventionellen Praktiken oder Gesprächsrunden einsetzt, dann ist diese Aktion letztendlich auf die eine oder andere Weise sehr hilfreich.

Der Tod gibt jedem das Gefühl: „Ich bin nicht mehr im Körper.“

Wenn man das nicht regelmäßig praktiziert oder bespricht, bevor das Ende naht, dann entsteht Angst vor Hilflosigkeit.

Mein Rat wird also nicht sein, das Thema Tod zu vermeiden und so zu tun, als sei der Tod ein Tabu-Thema. Die Wahrheit ist, dass wir auf zwei Dinge keinen Einfluss haben, nämlich die Geburt und den Tod. Nur eines haben wir unter Kontrolle, solange wir atmen und leben: Und das ist, zu üben und uns immer wieder bewusst daran zu erinnern, dass wir uns auf einen letzten Moment vorbereiten müssen.

Während wir am Leben sind, sollten wir unsere Energie und Zeit sinnvoll nutzen, damit wir zum Zeitpunkt des Todes kein Bedauern und keine Angst haben.

*Führst du eine Diskussion über den Tod mit dir selbst
und auch mit Gleichgesinnten in deinem Umfeld?*

Dann notiere dir hier einige wichtige Punkte.

20. KARMA-SCHWINGUNGEN

Karma ist verstrickt und vermischt sich mit deiner Geburt, deinem Leben und deinem Tod. Deshalb schlage ich vor, dass du diese kleinen Schritte befolgst und anwendest, so dass dein Karma oder deine Handlungen während deines Lebens dich am Ende zum Lächeln bringen können.

Karma kommt von dem Sanskrit-Wort „karman" und bedeutet „Handlung". Das bedeutet auch, dass unser Ende durch unsere eigenen Handlungen, Taten oder Aktionen bestimmt wird, die wir während unseres Lebens und Atmens ausführen.

Beim Karma geht es jedoch nicht um Bestrafung und Belohnung, wie viele Menschen denken, sondern eher um Ursache und Wirkung. Karma ist die resultierende Wirkung deiner vergangenen Absichten und Handlungen.

Der Schlüssel zu einem sinnerfüllten Leben, bevor der Tod an die Tür klopft, liegt darin, seine Gedanken, Gefühle und Taten zu beherrschen. Die berühmteste und bekannteste Tatsache ist, dass „wie man sät, so wird man ernten". So wie ein Landwirt Samen sät und in einer gewissen Zeit seine Ernte erwartet, so wirst auch du ernten, was immer du gesät hast. Es mag einige Zeit dauern – so wie Samen oft Zeit brauchen, um zu wachsen. Aber deine Gedanken, Worte und Taten werden letztendlich immer ihre Ernte einbringen.

Erinnere dich daran, dass deine Handlungen und sogar deine unbewussten Reaktionen irgendwie zu dir zurückkommen werden. Eine sehr wichtige Tatsache, die du auch wissen solltest, während du lebst, ist, dass du anziehst, was du bist, und nicht, was du willst.

Die meisten Menschen geben oft anderen die Schuld für die falschen Dinge, die ihnen passieren, anstatt die Verantwortung zu übernehmen und sich zu bemühen, ihr eigenes Schicksal mit der Unterstützung der Existenz zu gestalten.

Ich würde vorschlagen, dass du dich in deinem eigenen Leben nicht zurücknimmst. Ergreife die Chancen und Ideen, die sich dir bieten, und mach das Beste daraus.

Beachte auch, dass du schließlich zu dem wirst, was du weiterhin um dich herum siehst. Umgebe dich also mit Dingen, die mit dem übereinstimmen, wohin du gehen willst und was du erleben willst, bevor du diesen Planeten verlässt. Schaue dir dein Leben genau an und bewerte alles gründlich, sowohl das Negative als auch das Positive.

Dann gehe mit Akzeptanz und der Kraft deines Herzens voran, um die Lösung zu finden, um die positiven und notwendigen Veränderungen in deinem bestehenden Leben vorzunehmen.

Vergesse nicht, dass dein inneres Leben deine äußere Welt steuert. Deine inneren Gedanken werden zu dem, wonach du handelst, und deine Handlungen formen schließlich deine Welt. Um deine Welt zu verändern und zu wachsen, musst du ihr Grundgefüge verändern, und das sind deine Gedanken.

Wenn du negative Gedanken hegst, schaffst du ein negatives Umfeld, während positives Denken und positive Gefühle dir helfen, eine positive Welt um dich herum aufzubauen. Ändere deine Realität, indem du deine Gedanken und Entscheidungen verbesserst, und du wirst auf jeden Fall wachsen und alles erreichen, wovon du träumst. Dies sind alles sehr wichtige Punkte, über die du nachdenken und meditieren solltest, wenn es um dein Leben und deine Karma-Vibes geht.

Eine weitere wichtige Sache, die ich besprechen möchte, ist, dass unsere Realität ein ständiges Spiegelbild unseres Geisteszustandes ist. Wenn du die Aufregung und den Aufruhr um dich herum und in deiner Welt bemerkst, musst du anfangen, die Verantwortung für die Situationen zu übernehmen, in denen du dich befindest. Wende die ergebnisorientierte POL (Path Of Living) Methode an, um aus den düsteren Situationen herauszukommen, indem du dich bewusst mit tiefen inneren Reflexionen über dein gegenwärtiges Leben beschäftigst.

Meine POL (Path Of Living) Methode repariert das Karma, während du noch lebst. Denn diese Methode hilft dir, falls dir unerwartet etwas zustößt, keine Zeit damit zu verschwenden, über die Situation zu grübeln. Stattdessen übernimmst du die Verantwortung dafür, die Dinge zu verbessern, indem du die richtigen Schritte unternimmst.

Erkenne, dass deine Vergangenheit, Gegenwart und Zukunft miteinander verbunden sind. Jeder einzelne Schritt, den du jemals getan hast, und der, den du jetzt tust, sind gleichermaßen wichtig.

Meine Absicht, dieses fünfte Buch zu schreiben, ist es, dir ein Werkzeug an die Hand zu geben, mit dem du lernen kannst, wie du mit der Vergangenheit (als du geboren wurdest und dein menschliches Leben begann) und der Zukunft (dem Tod des physischen Körpers) umgehen kannst, während du in der Gegenwart lebst und atmest.

Schau, nichts kann die Veränderungen aufhalten, und auch du musst dich im Laufe der Zeit verändern. Nur so kannst du wachsen und besser werden, bevor du dich von diesem Leben verabschiedest.

Ich möchte dieses Kapitel über Karma-Vibes damit abschließen, dass ich vorschlage, dein Leben zu einem bedeutsamen Leben zu machen, damit du, wenn deine Zeit um ist und du diesen Planeten verlässt, einige positive und schöne Fußabdrücke und Vibes auf diesen Planeten hinterlässt. Auf diese Weise kann die nächste Generation von deinen Erfahrungen lernen, um ihr Leben besser zu machen, und vielleicht die Weisheit auch an eine andere Generation weitergeben.

*Karma ist wie Mathematik. Welchen Weg hast du nach dem
Lesen dieses Kapitels für dich selbst herausgefunden?*

Mache dir hier ein paar Notizen.

21. VORBEREITUNG AUF DEN TOD

Mach dir keine Sorgen, wenn du dich auf dein futuristisches Todesereignis vorbereitest, denn es sollte nicht als Problem betrachtet werden, sondern als positiver, mutiger Schritt in Richtung eines bestimmten unvermeidlichen Ereignisses.

Der Grund, warum ich dieses Kapitel hier eingefügt habe, ist, dass, wenn die Zeit kommt – und sie wird sicherlich kommen – die Frequenzen der Energie/Gefühle der Trauer überall hoch sind. Tatsache ist, dass unter dem Druck der Trauer die wichtigsten Prozesse in deinem Gehirn von dem beeinflusst werden, was in deinem Herzen vor sich geht.

Und so wirst du, wenn du trauerst, Entscheidungen treffen, die nicht unbedingt sinnvoll sind.

Wenn z.B. dein Auto alt wird und nicht mehr richtig funktioniert, dann fängst du automatisch an, über die nächsten Schritte nachzudenken, wie z.B. im Internet nach einem neuen Auto zu recherchieren oder den Preis zu erfragen oder das alte Auto in einer Werkstatt abzugeben. Auch in Bezug auf den Tod und den Körper, in dem deine Seele einmal gelebt hat, ist es immer gut, einige fundierte Entscheidungen zu treffen. Wenn das Leben in vollem Gange ist, neigen wir alle dazu, viele Dinge im Voraus zu planen. Warum sollten wir dann nicht auch für unseren eigenen Tod vorsorgen?

Ich bin ein Befürworter der Aufklärung über den Tod und ein Gesprächspartner, der gerne bewusst und angstfrei über den Tod spricht. Was für ein Mensch bist du?

Leider werden Kinder in der Schule nicht über den Tod und das Sterben aufgeklärt. Ich würde mir wünschen, dass im Unterricht mehr über den Tod und den bewussten Umgang mit dem Sterben für die neue Generation gesprochen wird. Junge Menschen sollten beide Welten kennen, die des Lebens und die des Sterbens.

Meiner Meinung nach sollte zukünftig der Unterricht zum Thema Tod und Sterben an Universitäten und Schulen eingeführt werden.

Ich bin für ein neues Bildungssystem in den Schulen, in dem das Thema Tod eingeführt wird, um den Kindern die grundlegendste Realität nach der Geburt ein wenig bewusster zu machen, damit sie vielleicht offener und weniger ängstlich auf den Tod zugehen. Auf diese Weise wird den Schülern geholfen, die Last der Angst abzulegen. Und wenn in der Zukunft solche Situationen in Bezug auf den Tod auftreten, können sie mit dem Wissen über das Ende des Lebens weitermachen. Außerdem möchte ich noch eines hinzufügen: Eltern sollten sich selbst mehr über dieses Thema informieren und mit ihren Kindern eine klare, freundliche Kommunikation über Leben, Tod und Sterben führen. Ich denke, es ist eine sehr heilsame Tätigkeit, dem Tod bewusst zu begegnen.

Das schwierigste Thema, über das man sprechen kann, ist der „Tod", aber man kann es nicht mehr ignorieren.

Mit diesem Buch möchte ich die Menschen erreichen und ihnen sagen, dass es in Ordnung ist, über das Thema Tod und Sterben auf eine leichte Art und Weise zu sprechen.

Die Verleugnung des Todes wird niemandem helfen, auf die Zeit vorbereitet zu sein. Und so ist es mein Bestreben, den Lesern zu vermitteln, was sie über Leben, Geburt und Tod wissen müssen. Ohne Feindseligkeit oder Widerstand.

*Konnte dieses Kapitel deine zukünftigen Schritte klären und dich
vorbereiten, ohne dass du dich in der Angst der Gedanken verloren hast?*

*Notiere dir heute deine subjektiven Impulse für
deine zukünftigen Handlungsschritte.*

22. ATMUNG & PURNA SHAVA SHANTI ASANA (ÜBUNG, UM DIE ANGST AUS DER KÖRPEREBENE ZU ENTFERNEN)

Diese besondere Art, die Purna Shava Shanti Asana zu machen, die völlige Ruhe und Entspannung bedeutet, stammt aus Pantha Hatha Yoga.

Verstehe also zuerst, dass der Atem das tiefste Werkzeug ist, um deinen Körper zu reinigen. Tiefes Atmen setzt Kohlendioxid frei. Langes, tiefes Atmen hilft, den Körper und den Geist zu reinigen und Giftstoffe aus unserem System zu entfernen.

Der Atem spiegelt wider, wie wir uns selbst fühlen und wie wir mit der Welt in Beziehung stehen. Die Atmung ist der Schlüssel zur Frequenz des emotionalen Wohlbefindens. Wenn die Atmung richtig ausgeführt wird, kann sie dir helfen, deinen ruhelosen, besorgten Geist und seine Wellen zu kontrollieren. Denke daran, dass jede Gemütsstimmung und jede Gefühlswelle in dir einen entsprechenden Atemrhythmus hat. Tiefes und langsames Atmen ist die richtige Art zu atmen und integriere es mit deiner Purna Shava Shanti Asana.

Diese Purna Shava Shanti Asana, auch Shavasana (Leichenstellung) genannt, entspannt den Körper. Sie bringt den unruhigen Geist ins Gleichgewicht und beseitigt unerwünschten Stress. Indem wir unsere Spannungen auf allen Ebenen loslassen, erkennen wir unser Selbst und werden furchtlos.

Ein Ratschlag von meiner Seite: Shavasana ist eigentlich einfach zu verstehen, aber um es praktisch zu meistern, bedarf es täglicher Übung. Mache den Raum dunkel, bevor du mit dieser Körper-Geist-Übung beginnst.

Nun möchte ich die einzelnen Schritte genau für dich beschreiben:

Schritt 1:
Lege dich auf den Rücken. Öffne deine Beine weit, die Füße sind ganz entspannt. Wenn du möchtest, lege ein weiches Kissen oder eine zusammengerollte Decke unter deine Knie oder unter deinen Kopf. Richte dich auf, bringe also Kopf, Hals und Wirbelsäule in eine Linie. Bewege deine Arme leicht von deinem Körper weg und lege sie mit geöffneten Handflächen und entspannten Fingern ab. Spüre den Sog der Schwerkraft und das Gefühl der Schwere dort, wo der Körper den Boden berührt.

Schritt 2:

Beginne damit, bewusst langsam, aber tief in den Bauch zu atmen.

Schritt 3:

Schließe nicht deine Augen. Starre in die Leere und Dunkelheit. Es wird am Anfang schwierig sein, aber nach einigen Tagen wirst du dich daran gewöhnen. Atme weiterhin langsam und tief in den Bauch und schaue immer wieder in das Vakuum der Dunkelheit. Hab Geduld, denn wenn du diszipliniert bleibst, wird die Zeit kommen, in der diese Dunkelheit in deine Augen eintreten wird. Und wenn die Dunkelheit in deine Augen eintritt, dann trittst du in sie ein.

Tipp: Wenn du dich bei dem oben genannten Schritt unwohl fühlst, dann denke einfach an den Mutterleib. Im Mutterleib ist alles dunkel und warm.

Schritt 4:

Lasse die Augen für einige Minuten geöffnet und sage dir nach 5 Minuten, dass du deine Augen jetzt langsam schließen kannst. Bleibe im Inneren mit der Dunkelheit. Bleibe so lange in dieser Position, bis du das Eins-Sein mit dieser wunderschönen ozeanischen Dunkelheit spürst.

Mein Vorschlag ist, diese Übung abends vor dem Schlafengehen zu machen und sie mindestens 6 Wochen lang jeden Tag durchzuführen. Wenn du diese Übung jeden Tag gewissenhaft befolgst, wird der Tag kommen, an dem du innerlich frei von der Angst vor dem Tod sein könntest.

Ich wünsche dir alles Gute, um diese Pantha Hatha Yoga Vorbereitungsübung für den finalen Countdown zu beginnen.

Wie war deine Erfahrung nach der Ausführung dieser Asana?

Konntest du sie mit Achtsamkeit ausführen?

23. TODESMEDITATION

Irgendwann in deinem Leben wirst du sterben müssen: Warum sich also nicht meditativ darauf vorbereiten und dem Tod mit Liebe und Begeisterung begegnen.

Probiere diese „Todesmeditation" einmal aus und sehe oder besser gesagt fühle, was du emotional erlebst. Diese Meditation ist einfach und kurz und sie macht dir den Tod in einfacher Art und Weise bewusst. In dieser „Todesmeditation" wirst du mental durch den mysteriösen Tunnel der Leere gehen, mit Mut und Bewusstsein. Mache diese Meditation etwa 7 bis 8 Minuten lang.

Schritt 1:
Schließe deine Augen.

Schritt 2:
Atme vollständig in den Bauch ein und vollständig aus. Wiederhole dies 5 Mal.

Schritt 3:
Sage „JA" oder schreie „JA" zum unvermeidlichen, zukünftigen Tod des Körpers.

Schritt 4:
Lege beide Hände auf dein Herz und führe den gesamten mentalen Rückblick zu jedem durch, dem du „Danke" sagen möchtest.

Anmerkung: Großmeister Panth Bhaven schlägt vor, dass du dich bei deinen Erfahrungen, Verwandten, Freunden, Liebhabern und sogar Hassern bedankst.

Schritt 5:
Lege dann nach Schritt 4 beide Hände in die Namasté-Position.

Namasté wird ausgeführt, indem man beide Hände und alle Fingerspitzen zusammenführt und sie dann in die Mitte der Brust legt. Das bedeutet, dass deine Yin-Seite (links) und Yang-Seite (rechts) in der Mitte zusammenkommen.

Du musst dich verabschieden, denn du wirst nie wieder in denselben Körper zurückkehren und niemand kann mit dir gehen. Es ist deine Reise. Verabschiede dich von all den oben genannten Menschen und von deiner menschlichen Erfahrung.

Anmerkung: Dies ist ein schwieriger Schritt, aber mit Bewusstheit und richtiger Übung wirst du es schaffen.

Schritt 6:
Jetzt ist es an der Zeit, den Tunnel der Leere ganz allein im Geiste zu durchqueren. Versuche, dort draußen etwas Licht und eine Öffnung zu sehen.

Schritt 7:
Hebe langsam beide Arme und Hände und lass dich in den Tunnel der Leere und des Lichts verschwinden. Dann sage „WOW" und lasse los.

Der letzte Teil ist nun der wichtigste Teil. Wenn du das Gefühl hast, dass du mit deiner Meditation fertig bist, dann öffne langsam deine Augen, stehe langsam auf, gehe vor den Spiegel und schaue dir direkt in die Augen und dann sage laut und zu dir selbst „Ich bin so glücklich, am Leben zu sein".

Ich wünsche euch allen Frieden und Gelassenheit.

Wenn du weitere Unterstützung benötigst, wie du deinen Alltag genießen und die sanfte Fähigkeit des „Sterbens in Glückseligkeit" erlernen kannst, dann kontaktiere mich noch heute: www.path-of-living.de

Großmeister Panth Bhaven sagte, und ich möchte es hier an euch weitergeben: Lebe dein Leben vollständig, wenn du am Leben bist, damit du leer sterben kannst, wenn dein letzter Ruf kommt.

Welche versteckten Ängste tauchten auf, als du diese
Meditation gelesen und ausprobiert hast?

Konntest du mit deinem wahren Selbst in Kontakt kommen?

ANHANG

Widmung

Dieses Buch ist meinem Großmeister Panth Bhaven und einem meiner Coaches, Dr. Wayne Dyer, gewidmet. Außerdem meiner deutschen Großmutter Irene Hinke und meinem 5 Jahre alten Neffen aus den USA (die beide im Jahr 2023, als ich dieses fünfte Buch schrieb, für eine weitere himmlische Reise diesen Planeten verließen).

Danksagung

Ich möchte mich von Herzen bei meiner Verlegerin Caroline Oblasser bedanken, dass sie offen und mutig genug war, dieses wunderbare Buch herauszubringen.

Dann möchte ich der Fotografin Inga Sommer aus Hamburg für das Buchcover-Foto danken.

Auch möchte ich Patricia Hinke aus Hamburg danken, die die deutsche Übersetzung dieses Buches aus dem Englischen gemacht hat.

Filmtipps

Astral City – Unser Heim

Raymond Moody Filme

Soul (Disney Kinderfilm)

Final Destination (Teil 1)

Ich wurde 1974 in Dehra Dun (nahe dem Himalaya) in Indien geboren. Glücklicherweise wuchs ich in einer spirituellen Familie auf. Mein Yoga-Unterricht begann, als ich 11 Jahre alt war – mein Vater, ein ‚Hatha Yogi‘, wurde mein erster Yogalehrer.

Meine Gabe, Menschen zu helfen und zu heilen, katapultierte mich bereits in ganz frühen Jahren auf den Pfad ‚Life-Balance‘. Mein innerer Durst, die verschiedenen Techniken der Heilung zu erlernen sowie meine eigenen Ideen hierzu weiterzuentwickeln, führte mich zu vielen bekannten, sehr spirituellen und mystischen Orten auf der ganzen Welt.

Im Jahr 1996 ging ich nach Mumbai und war sehr glücklich, dort verschiedene Arten der Heilkunst und Methoden gelehrt zu bekommen. Ich wurde fachgerecht durch zertifizierte Lehrer in ‚Body-Mind‘ Trainingsprogramme, Hypnose, Feng Shui, Ayurveda, Astrologie, Advanced Pranic Healing Techniken und ‚Magnified Healing‘ ausgebildet.

Später im Jahr 2005 brachte mich mein selbst kreiertes Schicksal nach Deutschland. Seitdem gebe ich Coachings, Ausbildungskurse und Workshops zu verschiedenen Themen rund um Wellness für die Balance unseres Körpers und Geistes durch Yoga und Meditationstechniken, u.a. in Unternehmen, auf Conventions und auf Messen.

Mein Ziel ist es, die moderne Medizin zu ergänzen und dazu beizutragen, die versteckten Leiden (psychische sowie körperliche Beschwerden) meiner Patienten und Klienten durch Nutzung verschiedener Heilungstechniken schnell zu lindern.

Interviews gab ich u.a. für VOX, stern TV, NDR Nordmagazin, 3sat, TIDE TV, Doordarshan (Indian TV), Yoga Journal, Bild der Frau, MEDI-vitalis, KGS Magazin, AOK Magazin, Sunday Times of India und andere.

Mein 1. Buch „Der Glücksvertrag" ist 2012, mein 2. Buch „Du bist Heilung" 2017, mein 3. Buch „Liebesspiel und Tantra" 2020 und mein 4. Buch „Väter und ihre Kinder" 2023 erschienen.

Im Laufe meiner Lebensreise habe ich erkannt, dass Menschen eine angemessene Disziplin mit Fokus und gleichzeitig Leichtigkeit im Herzen brauchen, um die gewünschten Ziele zu erreichen.

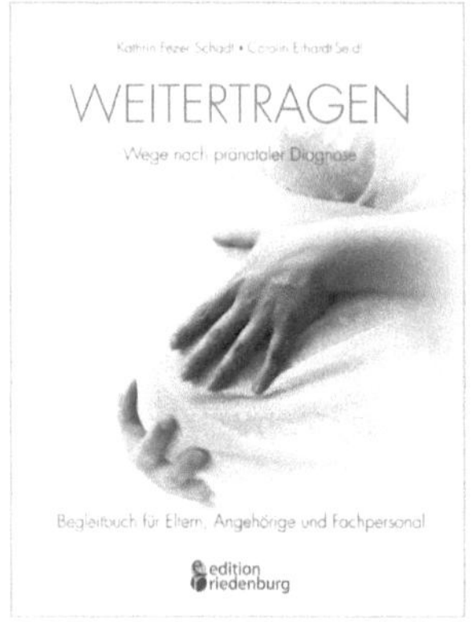

Weitertragen – Wege nach pränataler Diagnose. Begleitbuch für Eltern, Angehörige und Fachpersonal

Autorinnen: Kathrin Fezer Schadt, Carolin Erhardt-Seidl

Vorgeburtliche Untersuchungen in der Schwangerschaft können werdende Eltern mit unerwarteten Fragen konfrontieren: Wird unser Kind behindert zur Welt kommen? Was, wenn es nach der Geburt nicht lebensfähig ist oder noch im Mutterleib stirbt?

„Weitertragen" begleitet Eltern und Fachpersonal von der PND bis zur getroffenen Entscheidung und darüber hinaus.

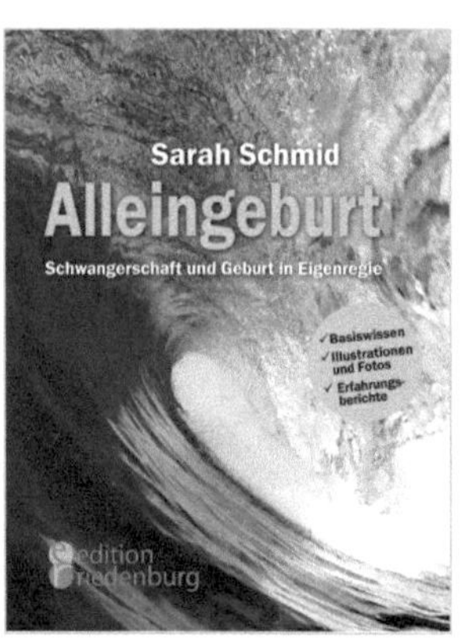

Alleingeburt – Schwangerschaft und Geburt in Eigenregie

Basiswissen | Illustrationen und Fotos | Erfahrungsberichte
Autorin: Sarah Schmid

In „Alleingeburt" vermittelt Sarah Schmid gesundes medizinisches Basiswissen und räumt gleichzeitig mit beängstigenden Geburtsmythen auf. Ihr Buch ist daher auch für all jene eine wertvolle Lektüre, die Schwangerschaft und Geburt im klassisch betreuten Umfeld planen oder selbst als Geburtshelferln tätig sind.

Mit zahlreichen Illustrationen zur besseren Verständlichkeit.

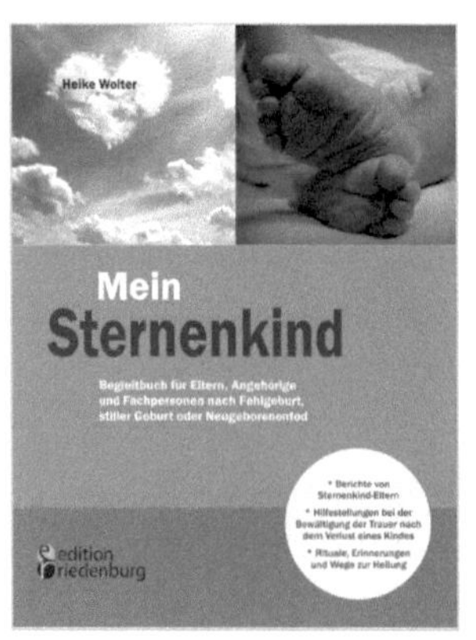

Mein Sternenkind

Begleitbuch für Eltern, Angehörige und Fachpersonen nach Fehlgeburt, stiller Geburt oder Neugeborenentod
Autorin: Heike Wolter

Nach dem Verlust eines Kindes braucht es Zeit, um wieder zurückzukommen in ein Leben, in dem man sich selbst aufgehoben und versöhnt fühlt mit dem unfassbaren Schicksalsschlag.

Zentral sind die Erfahrungen anderer Menschen, die Ähnliches durchlebt, durchlitten und in ihr Leben integriert haben.

Nicht mehr klein und noch nicht groß

*Der liebevolle Ratgeber für die Wackelzahnpubertät.
Mit Tipps von der Kinderzahnärztin und
Erfahrungsberichten vieler Eltern*

Autorin: Andrea Zschocher

Kündigen sich bei deinem Kind die Wackelzähne an? Ist
es auf einmal wie ausgewechselt? Sind starke Gefühle
an der Tagesordnung und erinnert dich das Ganze an
die anstrengenden Trotzphasen der Kleinkindzeit? Weil
wir alle im selben Boot sitzen, gibt es diesen Ratgeber.
Mit bewährten, alltagstauglichen Tipps wirst du die
sensible Zeit des Zahnwechsels liebevoll begleiten.

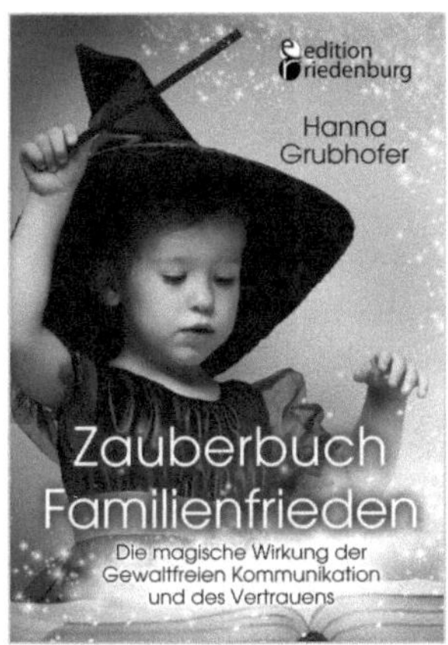

Zauberbuch Familienfrieden

*Die magische Wirkung der gewaltfreien
Kommunikation und des Vertrauens*

Autorin: Hanna Grubhofer

Raus aus dem Alltagsstress, rein ins volle Familienleben!

Im „Zauberbuch Familienfrieden" verrät die
erfahrene Psychologin und 7-fache Mutter Hanna
Grubhofer die zahlreichen Geheimnisse ihres
glücklichen Familienlebens. Basis hierfür sind
Gewaltfreie Kommunikation, Verantwortung und
Vertrauen – in sich selbst und in die Kinder.

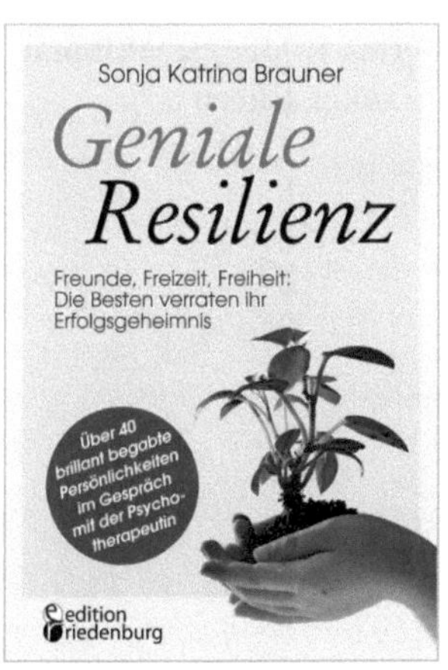

Geniale Resilienz

*Freunde, Freizeit, Freiheit: Die Besten
verraten ihr Erfolgsgeheimnis*

Autorin: Sonja Katrina Brauner

In „Geniale Resilienz" spricht Psychotherapeutin Sonja
Katrina Brauner mit über 40 brillanten Persönlichkeiten.
Vom preisgekrönten Schüler mit Marsrover-Prototyp
über die Boxweltmeisterin bis hin zum international
erfolgreichen Schriftsteller gewähren die Interviews
Einblicke in die Welt der Hochbegabung, Sensibilität,
Willenskraft und Out of the box-Denkweise.

Mit Resilienz stärkenden Übungen aus der Praxis.

Was brauchst du? Mit der Giraffensprache und Gewaltfreier Kommunikation Konflikte kindgerecht lösen

Das fröhlich illustrierte Bilder-Erzählbuch unterstützt Kinder dabei, Gefühle und Bedürfnisse zu erkennen, um für jeden eine passende Lösung zu finden. Die Gewaltfreie Kommunikation (GFK) hilft dabei, Konflikte zu lösen.

Abschied von Mama – Das Bilder-Erzählbuch zum Trösten und Erinnern für Kinder, die ihre Mama verlieren

Als Jules Mama stirbt, ist es nicht einfach, ohne sie zu leben. Jule vermisst sie so furchtbar, dass ihr Bauch immer wieder wehtut. Wie gut, dass Papa für Jule da ist und weiß, wie er sie trösten kann.

Papa in den Wolken-Bergen – Das Bilder-Erzählbuch für alle Kinder, die ihren Papa verloren haben

Dieses Buch begleitet Kinder in ihrer Trauer und hilft, über das Unfassbare zu sprechen. Die Mitmach-Seiten ermöglichen, die verstorbene Person in lebendiger Erinnerung zu behalten und ihr so einen neuen Platz zu geben.

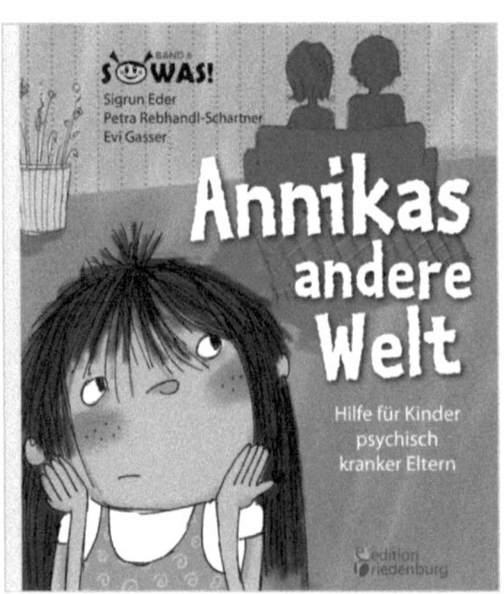

Annikas andere Welt – Das Bilder-Erzählbuch für Kinder psychisch kranker Eltern

Annika ist traurig. Sie fragt sich: „Hat Mama mich vergessen?" und „Bin ich schuld daran?" Denn Mama ist nicht mehr so, wie sie früher einmal war.

Ein Buch für Kinder psychisch erkrankter Eltern. Es unterstützt Kinder und ihre Vertrauenspersonen dabei, sich in einem schwierigen Familienumfeld zurecht zu finden. Mitmach-Seiten laden außerdem dazu ein, die eigene Situation aufzuschreiben bzw. aufzumalen.

Im (Internet-)Buchhandel und auf editionriedenburg.at

Vom Mädchen zur Frau – Ein märchenhaftes Bilderbuch für alle Mädchen, die ihren Körper neu entdecken

Irgendwann passiert es: Dein Mädchenkörper verändert sich, und vieles ist nun anders als zuvor. Spätestens wenn deine Periode einsetzt, ist klar: Du bist eine echte Frau. Dieses Buch nimmt dich mit auf eine märchenhafte Reise durch deinen Körper und erzählt dir in 24 Bildern, was dich in der sogenannten Pubertät verwandelt und verzaubert.

Vom Jungen zum Mann – Ein abenteuerliches Bilderbuch für alle Jungen, die ihren Körper neu entdecken

Bald ist es so weit: In der Pubertät verändert sich dein Körper. Du wirst größer und stärker und bist auf dem Weg zum Mann. Dieses Buch reist mit dir durch deinen Körper und erzählt dir in 24 Bildern, was alles mit dir passiert. Es eignet sich zum gemeinsamen, aber auch zum Alleine-Lesen, denn es geht um dich ganz persönlich. Für Jungs ab 10 Jahren.

Gestern war ich noch schwanger – Ein Bilderbuch für Frauen, die ihr Kind in der Schwangerschaft verloren haben

„Sie sagen, mit der Zeit wird es leichter."

Nicole Schäufler hat in ihrem Buch Bilder und Worte für das Leben nach einer Fehlgeburt oder Totgeburt gefunden. Sie ist Journalistin, Künstlerin und Mutter. Eines ihrer Kinder reiste zu den Sternen.

Schwanger im Advent – Ein Adventskalender für alle werdenden Mütter

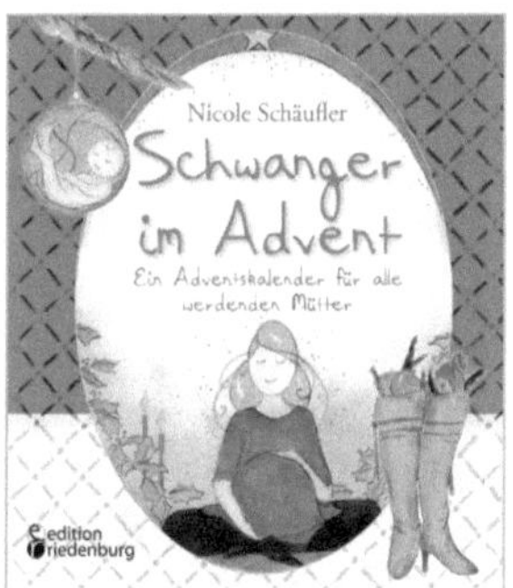

Dieser Kalender begleitet dich durch den Advent. Ab dem ersten Dezember kannst du jeden Tag eine Seite umschlagen, als würdest du ein Türchen öffnen. Dich erwarten Bilder, Lieder, Gedichte, Rezepte und viele interessante Geschichten rund um verschiedene Schwangerschaftssymbole in der Weihnachtszeit. Du wirst staunen, wie viele existieren, und am Ende feststellen: Ohne schwangere Frauen gäbe es Weihnachten gar nicht.

edition riedenburg
editionriedenburg.at